Hanno Helbling
Unterwegs nach Ithaka

Serie Piper
Band 915

Zu diesem Buch

Hanno Helbling legt hier eine Auswahl seiner publizistischen Arbeiten aus fünfunddreißig Jahren vor.

Die erste – die dem Band den Titel gegeben hat – ist 1980 zum Jubiläum der 1780 gegründeten Neuen Zürcher Zeitung geschrieben und deutet den Rahmen an, in dem der Historiker und Literaturkritiker seine Auseinandersetzung mit kulturellen Erscheinungen und Problemen der Gegenwart führt. Zu dieser Gegenwart gehören geschichtliche Perspektiven; eine erste Gruppe von Betrachtungen ist ihnen gewidmet. Es folgen »literarische Einblicke« in Texte von Klassikern der Moderne und von Zeitgenossen. Dann Kulturkritisches aus der Umbruchsituation der siebziger Jahre. Mit »Feuilleton« und »Reiseblätter« sind die letzten Teile überschrieben, die das Fortleben traditioneller Formen der Zeitungsprosa bezeugen sollen.

Hanno Helbling, geboren 1930 in Zuoz (Engadin). Studium der Geschichte, Germanistik, Komparatistik in Zürich, Neapel, München und Rom. Seit 1958 Redakteur der Neuen Zürcher Zeitung, seit 1973 Leiter der Feuilleton-Redaktion.

Seine Publikationen behandeln Fragen der historischen Methode, u. a. »Der Mensch im Bild der Geschichte« (1969), und analysieren mittelalterliche Geistesgeschichte. Er machte sich als Übersetzer aus dem Italienischen (Leopardi, Montale), Französischen (Benjamin Constant, Ramuz) und Englischen (Shakespeare, Die Sonette) einen Namen und erhielt 1978 den Voss-Preis der Deutschen Akademie für Sprache und Dichtung.

Hanno Helbling

Unterwegs nach Ithaka

Aufsätze
Feuilletons
Reisebilder

Piper
München Zürich

ISBN 3-492-10915-2
Originalausgabe
November 1988

Umschlag: Federico Luci,
unter Verwendung des Gemäldes
»Odysseus und Kalypso« (1883)
von Arnold Böcklin (Kunstmuseum Basel)
Gesamtherstellung: Clausen & Bosse, Leck
Printed in Germany

Inhalt

Unterwegs nach Ithaka 7

Die Aufgabe des Kulturjournalisten (1980) 9

Historische Perspektiven 13

Die Redensart vom rückwärtsgewandten Propheten (1957) 15
Erinnerung an Sätze Tocquevilles (1960) 19
Ansicht des Klassischen (1970) 23
Der Moralist im Memorialisten (1975) 26
Erotik und Politik (1980) 29
Zuruf und Gegenrede (1984) 33
Kontinuität der bürgerlichen Bildung (1964) 36
Im Krisenfeld zwischen den Kriegen (1984) 42
Politik zwischen Moral und Ästhetik (1974) 46

Literarische Einblicke 49

MARCEL PROUST:
Durchbruch zur Perspektive (1976) 51
Swann studiert Vermeer (1969) 55
T. S. ELIOT:
Das Geschichtliche in den »Four Quartets« (1954) . . 59
Der Fischerkönig (1955) 64
J. Alfred Prufrock (1959) 70
ALFRED DÖBLIN:
Einen Rhythmus festhalten (1977) 74
CHRISTA WOLF:
Gültiges Zeugnis (1977) 77
Künstlerische Kraft und moralische Leistung (1980) . 83

Erfahrung, Befreiung (1980) 87
Max Frisch:
Das Offenhalten von Wunden (1976) 93
Konflikt mit der Schweiz (1981) 97
Was bleibt, ist die Unruhe (1983) 102
Friedrich Dürrenmatt:
Träume und Trümmer (1981) 106
Das Gottmenschtier (1985) 109

Gedanken über Kultur 113

Kultur als Leistung (1975) 115
Konsum und Protest (1973) 124
Ritual und Alternative (1981) 127
Jugend – Klasse – Kultur (1981) 131

Feuilleton 135

Schreiben in einer Sprache (1974) 137
Leserfragen (1979) 140
Wenn Sainte-Beuve gewußt hätte . . . (1974) 144
Der stumme Blick der Wörter (1980) 146
Nachdenken über den Anonymus (1980) 148
Über das Lesen von Todesanzeigen (1974) 150
Angenommen, jemand geht aus dem Haus . . . (1982) . 152
Zur Konjugation des Sterbens (1987) 155

Reiseblätter 159

Ein Land mit vielen Gesichtern (1978) 161
Rom, Spätherbst (1977) 166
Umbrisches Auf und Ab (1983) 170
Besuch in Recanati (1974) 173
Die Agave auf dem Felsen (1986) 176
Clavis (1986) 179
Zwei Orte (1981) 182
Im Herbst gesehen (1984) 185
Funktionsverluste (1982) 188
Im Kloster (1975) 192

Unterwegs nach Ithaka

Die Aufgabe des Kulturjournalisten

Melden, was geschehen ist, und kommentieren, was geschieht: die Grundaufgabe lautet für das »Feuilleton« nicht anders als für jeden andern Teil der Zeitung. Nur ihre Schwierigkeiten, um nicht gleich von Unmöglichkeiten zu reden, sind hier besonderer Art.

Einen Hinweis gibt die übertragene Bedeutung des Wortes *Ereignis.* Wer ein Konzert ein Ereignis nennt, will damit nicht sagen, daß es tatsächlich stattgefunden – sich also ereignet hat. Er meint das Außergewöhnliche an der Sache; zugleich läßt er erkennen, daß er auch mit dem Gewöhnlichen rechnet: mit dem Ereignis, das *nicht* »zum Ereignis wird«.

Das Ereignis – eine Metapher? Nichts sollte man, in einer Zeitung, weniger erwarten. Gewiß, der Leser weiß und wünscht, daß unterschieden wird: einer Skala entlang, die vom täglichen Zwischenfall bis zur entscheidenden Wende im Weltgeschehen hinaufreicht. Er versteht auch, daß ausgeschieden wird: alles, was unter einem gewissen – eher wohl ungewissen – Grad an öffentlicher Bedeutsamkeit liegt. Wie dieser Grad zu bestimmen, wie jene Skala zu gliedern sei, mag dabei – *wird*, mit Sicherheit – strittig bleiben. In irgendeiner Weise spielt aber stets eine Quantifizierung mit: Zahl der Betroffenen, Höhe des Betrags, Entfernung des Schauplatzes, Dauer der Krise...

Nicht so in dem Augenblick, da zwischen Ereignis und Nicht-Ereignis geschieden – eine *Qualifizierung*, und eine höchst radikale, vollzogen wird. Die Zahl der Mitwirkenden oder der Zuhörer oder der Käufer soll *nicht* den Ausschlag geben, wenn es darum geht, ob man eine Inszenierung oder ein Konzert oder ein Buch denn nun »wichtig« finden soll.

»Wichtig« und »Ereignis« sind Wörter, über denen man nachdenklich wird, so oft und je öfter sie vorkommen. Wo ist ihre Legitimation? In den Anführungsstrichen, die zu ihnen gehören, solange man sie als Metaphern behandelt? Darin, daß man natürlich weiß, die wirklichen Ereignisse tragen sich anderswo zu? Aber nein, diese Wörter drängen über die Harmlosigkeit ihres übertragenen Gebrauchs seit langem hinaus. Ein »wichtiges« Buch ist nicht nur ein Buch, das der Kritiker wichtig nennt, weil es nach seinen Maßstäben gut geschrieben – »wichtig« also innerhalb seiner literarischen Sphäre ist; fast als wollte er es, wie man sich früher wohl traute, schön nennen.

Sondern: mit seinem Aufsatz über ein »wichtiges« Buch tritt der Kritiker in die Reihe derer, die über wirkliche Ereignisse zu berichten haben. Kann aber das künstlerische »Ereignis« *hier* konkurrieren, wenn man es auf Grund von ästhetischen Vorzügen zu einem solchen erklärt? Nicht unmittelbar. Der Kritiker muß (und oft will er auch) nachweisen, daß das von ihm besprochene Buch geeignet ist, Zustände zu korrigieren, Strukturen zu verändern, die Gesellschaft... et cetera, et cetera.

Und zumeist ist es nicht erst der Kritiker, der so redet. Das Kunstprodukt, das auf die Bühne oder auf den Büchermarkt kommt, trägt schon das Etikett, das uns zu verstehen gibt, hier werde »für einmal« mit einem heißen Eisen – aufgeräumt oder abgerechnet (oder was man eben mit heißen Eisen, und der gebotenen Vorsicht, tun kann). Und vielleicht hatte im einen und anderen Fall auch der Autor selber die Absicht. – So aber geht es zu, wenn die »Ereignisse« ihre Anführungsstriche verlieren.

Inzwischen nimmt die Gesellschaftsveränderung durch Theaterstücke, Oratorien, Wandgemälde, Romane zwar ab; was den Feuilletonisten beruhigen müßte. Denn gerade an Gesellschaftsveränderung sind schon recht viele seiner Kollegen gestorben in den letzten Jahrzehnten. Er müßte erleichtert feststellen, daß uns eine »neue Sensibilität« beschert worden ist, daß wir allerhand »Innerlichkeit« und selbst »Zärtlichkeit« (auch sie so verbal wie nur je eine Weltverbesserung) zu gewärtigen haben. Und weiter?

Die Zuversicht kennt Grenzen. Die methodische (Selbst-)Sicherheit auch. Wie steht es um unser Melden? Um unser Werten, um unsere Auswahl? Je breiter das Angebot, desto größer die

Versuchung zur Willkür. Je diffuser die Programme, desto größer die Gefahr der Beliebigkeit, im Aufnehmen und im Weglassen. Nachdem so vieles »wichtig« war, ohne daß Folgen bemerkt worden wären, verstärkt sich die Neigung, dann lieber gleich seinem eigenen Geschmack oder Interesse zu folgen. Soll man ihr nachgeben?

Wir haben ihr, in Grenzen, immer schon nachgegeben. Haben immer versucht, Akzente dort zu setzen, wo wir meinten, hofften, es zeichne sich über die Aktualität hinaus, ja auch *ohne* ihre sichtbar-hörbare Unterstützung, ein Weg ins künstlerisch oder gedanklich Bedeutsame ab. Wobei Täuschungen unterliefen. Einiges wurde nicht rechtzeitig, vieles unnötig hervorgehoben. Haben solche Irrtümer einen gemeinsamen Ursprung? Schwer zu sagen. Wenn ja, so liegt er wohl im Bedürfnis, sich an das Modische nicht mehr als strikte notwendig anzuschließen. Der feine Hund heult *nicht* mit den Wölfen…

Eine Fehlerquelle, ohne jeden Zweifel. Und die entgegengesetzte Gefahr: daß wir um der Aktualität willen Dinge ernst nehmen, die sich sehr bald als ganz irrelevant erweisen (und wir hätten es eigentlich wissen müssen) – *die* Gefahr sollte uns weniger schrecken. Dafür sind ja die Zeitungen keine »Ewigungen«: daß sie melden, was heute die Menschen bewegen mag, und das abschließende Urteil den Späteren, klüger Gewordenen überlassen. Der politische Journalist kann auch nicht wissen, ob aus dieser oder jener Affäre ein großes Politikum wird oder nicht; einstweilen tut er gut daran, sie gebührend (und allenfalls über Gebühr) zu beachten. Was für solche Ereignisse gilt, warum soll es für unsere »Ereignisse« *nicht* gelten?

Weil ja denn doch der Wunsch, die Illusion – oder was immer es sein mag – mitspielt, daß kritische Akzente der kulturellen Entwicklung nicht nur zu folgen brauchen, daß sie ein klein wenig auch an ihr teilhaben. Daß sich durch sie vielleicht Unmodisches trotzdem zur Geltung bringen läßt; wobei dann, wie angedeutet, die Hervorhebung immer noch überflüssig gewesen sein kann. Oder: daß einmal durch sie ein Zweifel unter die Leute kommt, an der Tragfähigkeit einer bestimmten vorherrschenden Strömung; wobei dieser Zweifel immer noch ungerechtfertigt gewesen sein kann.

Also Gegensteuer? Das hätte, so formal genommen, als grundsätzliche Reaktion, weder Sinn noch Verstand. Aber die korrigierende Abwehr von Zeiterscheinungen und jener Nachdruck, auf Dinge gelegt, welche nicht im »allgemeinen Gespräch« sind: sie füllen sich beide mit Inhalt, wenn wir uns umblicken; wenn wir eine Haupttendenz der Massenmedien, der Boulevard- und nicht nur der Boulevardpresse, der behördlich geförderten Unterhaltung *und* eines Teils der frei schaffenden Intelligenzia in Betracht ziehen: die Tendenz, zu glauben und zu lehren, daß es ohne ernsthafte Bildung auch gehe.

Diese Endform einer antibürgerlichen Ideologie (vertreten allerdings zumeist im Stil und im unmittelbaren Interesse einer Kleinbürger-Bohème) tritt uns zur Zeit in so vielen »Ereignissen« entgegen, daß auch die geistige Selbsterhaltung schließlich ein Wort dazu sagen muß. Nichts gegen Klamauk. Und nichts gegen das Experiment: das *einmal* auch klären mag, was vom Nullpunkt des Könnens und Wissens aus möglich ist an – Leistung? An »Kreativität«. Aber Kultur, wie wir sie nun einmal verstehen, ist ein Kontinuum. Und darum werden wir weiterhin dazu neigen, *solche* Erscheinungen *wichtig* zu finden, die von Denkformen oder von einem Formdenken herkommen und in eine Gegend vorausdeuten, wo man noch – oder auch wieder – leben kann.

Wer auf dem Kurs nach solcher Gegend zu bleiben versucht, darf die bisweilen engen Passagen – zwischen Aktualität und Akademie, zwischen Tradition und Antizipation, zwischen genialem Humbug und geschmackvoller Paraphrase – nicht scheuen. Er muß daran festhalten, daß er unterwegs ist nach Ithaka.

Historische Perspektiven

Die Redensart vom rückwärtsgewandten Propheten

»Der Historiker ist ein rückwärts gekehrter Prophet.« Der Satz stammt, wie man weiß, von Friedrich Schlegel. Er ist nicht als Brandmarkung eines historischen Erkenntnisschwindels gemeint, sondern er soll darauf hindeuten, daß der Blick in die Vergangenheit zugleich in die Zukunft schaut. Indem der Historiker als Prophet bezeichnet wird, sollen gerade nicht seine Grenzen, sondern seine Möglichkeiten ins Licht gestellt werden.

Der Satz läßt die Auffassung einer Historie erkennen, die sich nicht nur als Vergangenheit präsentiert, sondern stets als ein Ganzes zu denken ist und eine Spannung aus dem Vergangenen ins Zukünftige darstellt, in die der gegenwärtige Betrachter mithineingezogen ist. Solche Auffassung kann man als typisch frühromantisch ansehen, da sie den besonderen Begriff von Universalität zeigt, den neben Schlegel vor allem Novalis hatte. Aber die Gestalt des rückwärtsgewandten Propheten taucht zu ganz verschiedenen Zeiten in überraschend ähnlicher Weise auf und gibt zu der Vermutung Anlaß, sie gehöre einer Grundvorstellung innerhalb des christlichen Geschichtsdenkens an.

In den Schriften des kalabresischen Abtes Joachim von Fiore, die in den Jahren um 1200 entstanden sind, ist eine Ansicht der Weltgeschichte entwickelt, die wie eine weitschweifige Erläuterung von Schlegels Satz anmutet. Joachim legte seiner Theorie ein sehr ins Detail geführtes Bild von der Übereinstimmung des Alten und des Neuen Testaments zugrunde; aus dieser Übereinstimmung schloß er auf ein zukünftiges, letztes Buch, das auf dritter Ebene wiederum Bestätigung des zweiten und des ersten göttlichen Vermächtnisses bringen würde. Bis in die einzelnen zukünftigen Ereignisse hinein, die in jenem dritten Buch als zurückliegend verzeichnet sein würden, gehen Joachims Schlüsse;

der Blick auf die beglaubigte Vergangenheit erschaut das sonst nur Geahnte, das noch bevorsteht. Mit dem dritten Testament wird die Geschichte der Welt vollendet sein. – Neben solche Betrachtungen mag man wohl die Worte von Novalis stellen: »Wer hat die Bibel als geschlossen erklärt? Sollte die Bibel nicht noch im Wachsen begriffen sein?«

Joachim beschreibt die Bahn, die von der Welterkenntnis zurückgelegt wird, als »ähnlich einem fortlaufenden Weg, der aus der Einöde zur bewohnten Stadt führt, bisweilen durch tiefliegende Gegenden, in denen der Wanderer irre wird an der Richtung seines Ganges, aber auch über Bergeshöhen, von denen er das hinter ihm und das vor ihm Liegende überblicken und in der Betrachtung des zurückgelegten Weges die Richtung für den Rest der Fahrt ermessen kann«. Diese Vorstellung eines deutenden Durchlaufens der bekannten und der noch unerschlossenen Welt auf nicht sichtbar vorgezeichneter und doch in ihrer Vorbestimmtheit erkundbaren Bahn ist es, die den für heutiges Empfinden widersprüchlichen Begriff der »Geschichtslogik« rechtfertigt – einer Logik, im mittelalterlichen Rahmen bemerkenswert durch ein Zeitbewußtsein, das die kommende Vollendung nicht über das Diesseits hinaushebt, sondern sich in ihm und als seine Erfüllung vollziehen läßt.

Joachim spricht von dem Weg der Erkundung, der vom Übereinstimmen, von der *concordia* der biblischen Aussagen geleitet wird. Zugleich, oder vielmehr in einem damit, spricht er vom Weg der Historie. Sein »Wanderer« ist unterwegs nach der Erkenntnis, aber auch nach dem bestimmten Standort im Zeitablauf, zu welchem er im Wechsel der Höhen und Niederungen zu gelangen vermag: »mehr vom Glauben als von äußerem Augenschein bestimmt, dringt er zu gebirgigen Orten vor, damit er dort seine Irrtümer berichtige oder aber Sicherheit gewinne und sich bestätigt finde im richtigen Verhalten«. So überblickt er nicht ein auch nur in der Vorstellung vor ihm ausgebreitetes, sondern ein zu ihm selbst her- und von ihm weiterführendes Ganzes.

Nur nebenbei ist hier an eine Erscheinung zu erinnern, auf die das Wort von der rückwärtsgewandten Prophetie allerdings in einem eher mißlichen Sinne zutrifft. Im Lauf des 13. Jahrhunderts entwickelte sich eine Literatur, die Weissagungen unter Joachims Namen stellte und damit auch zurückdatierte – Weissagungen, die Ereignisse anzukündigen schienen, die in Wirklichkeit schon eingetroffen waren und im Anschluß daran weiteres verhießen, das an Wahrscheinlichkeit gewinnen sollte, da die vorangehenden »Prophetien« sich als richtig erwiesen hatten.

Mag sein, daß so auch zu weniger vorteilhaften Historikergewohnheiten der Ausgangspunkt in früher Zeit zu finden ist. Was gemeinhin als »rückwärtsgewandte Prophetie« belächelt wird, ist in der Tat eine nicht unähnliche Neigung, Ereignisse der Vergangenheit aus einer Situation der noch ferneren Vergangenheit vorauszusagen und sie dann mit stolzer Verwunderung eintreten zu sehen; die Ähnlichkeit geht selbst so weit, daß mancher Autor aus solchem Vorgehen allmählich die Sicherheit schöpft, wirklich Zukünftiges vorauszusagen. Mit Geschichtslogik hat dies wohl in den seltensten Fällen etwas zu tun.

Denn es möchte scheinen, als gründe der Zusammenhang, den die vertiefte Betrachtung von Geschichte erschließt, nicht in den kleinen Folgerichtigkeiten, die sich in manchen Fällen festhalten und zur Not auch weiter übertragen lassen. Er gründet ebensowenig in den großen Figuren, die eine »Geschichtsphilosophie« über den Teppich der Historie hingebreitet sieht; in dem Riesenmechanismus der Kulturzyklen, der immer wieder Ersatz für eine Bewältigung des Geschichtsproblems liefern soll. Der Satz aus Heideggers »Holzwegen« bleibt zu beherzigen: »Was sollen uns alle nur historisch ausgerechneten Geschichtsphilosophien, wenn sie nur mit dem Übersehbaren der historisch beigebrachten Stoffe blenden, Geschichte erklären, ohne je die Fundamente ihrer Erklärungsgründe aus dem Wesen der Geschichte und dieses aus dem Sein selbst zu denken?«

Die Redensart von der rückwärtsgewandten Prophetie hat mit wachsender Entfernung von Schlegels Satz den Charakter einer nicht eben tiefsinnigen Kritik am Tun und Treiben der Historiker angenommen. Der Umstand, daß diese Kritik im Kleinen wie im Großen (in bezug auf Marotten der Geschichtsschreibung wie auf geschichtsphilosophische Unternehmungen) nicht unberechtigt ist, weist zugleich auf die große Entfernung hin, die das neuere Geschichtsbild seinerseits von der frühromantischen

Vorstellung trennt. Die Redensart gibt Anlaß, die tiefe Verwurzelung des Schlegelschen Satzes im abendländischen Denken zu beachten (der Name Bossuet dürfte in weitläufigerer Darstellung der Wurzeln nicht fehlen), andererseits die Rolle des Historismus für die seitherige Entwicklung ins Auge zu fassen.

Erinnerung an Sätze Tocquevilles

Der erste Band des Werkes »De la démocratie en Amérique« von Alexis de Tocqueville schließt mit den folgenden Sätzen: »Es gibt heute auf der Erde zwei große Völker, die von verschiedenen Ausgangspunkten her demselben Ziele zuzustreben scheinen: die Russen und die Amerikaner... Alle anderen Völker sind offenbar den Grenzen nahegekommen, die ihnen die Natur gezogen hat; ihr Teil ist nur noch, zu bewahren. Jene aber sind im Wachsen begriffen. Alle anderen sind stehen geblieben oder bewegen sich mit schwerer Mühe fort; sie allein kommen mit leichtem, raschem Schritte vorwärts auf einer Bahn, deren Ende noch niemand zu sehen vermag.

Der Amerikaner kämpft mit den Hindernissen, die ihm die Natur entgegenstellt; der Russe liegt mit den Menschen im Streit. Der eine geht gegen die Wüste und die Barbarei an, der andre gegen die Zivilisation und alle ihre Waffen... Der erste verläßt sich auf das persönliche Interesse und läßt die Kraft der Individuen wirken, ohne sie zu lenken. Der zweite versammelt gleichsam in einem Menschen alle Macht der Gesellschaft. Dem einen ist das vornehmste Mittel zum Handeln die Freiheit; dem andern die Knechtschaft.

Sie sind von verschiedenen Orten ausgegangen; ihre Wege sind nicht dieselben. Und doch scheint jeder von ihnen durch einen geheimen Plan der Vorsehung berufen, eines Tages die Geschicke der Hälfte der Welt in seinen Händen zu halten.«

Wohlbekannte, vielzitierte Worte. Worin liegt ihre Faszination? Sie münden in eine Prophezeiung, die mit Zurückhaltung, mit Ehrfurcht vorgebracht ist. Zurückhaltung zeigt Tocqueville, weil sich seine Prophezeiung auf eine ferne, nicht auszurechnende Zeit bezieht; Ehrfurcht, weil sie sich auf eine hohe, unerforschliche Macht beruft. Während er in seinem Buch über den amerikanischen Staat viele *Prognosen* stellt – manche haben sich als richtig erwiesen, andere wurden hinfällig, da die Flut der Ereignisse die Kausalketten politischer Theorie zerriß –, hat die *Prophezeiung* bei Tocqueville die Würde der Seltenheit.

Sieht man – wie sich das ziemt – von jenen Prophetien ab, die aus religiöser Erleuchtung gesprochen sind und deren Wahrheitsgehalt nie eingeschätzt werden kann, so ist zu sagen, daß Prophezeiungen nicht »eintreffen«, nicht so sich bestätigen, wie sie gemeint waren. Was Tocqueville über Amerika und Rußland voraussagt, überrascht uns durch seinen engen Bezug zur heutigen Wirklichkeit, aber die Voraussetzungen dieser Wirklichkeit sind Tocqueville unzugänglich gewesen. Die Entwicklung der Vereinigten Staaten nach dem Sezessionskrieg (den er in den Gegensätzen zwischen amerikanischem Norden und Süden bereits angelegt sah) war ihm verschlossen: eine Feststellung, die bei jedem anderen Beobachter gar nicht erst gemacht werden müßte und sich bei ihm doch wenigstens auf Grund des Textes von »De la démocratie en Amérique« verantworten läßt. Sprach er aber von Rußland, so war ihm der absolutistisch gebliebene Staat gegenwärtig; mit dem »einen Menschen«, in dem sich alle Macht der Gesellschaft versammle, meinte er den Zaren. Das Amerika, das ihm möglich schien, und das Rußland, das er fürchten konnte, werden sich nicht in die Herrschaft über unsre oder eine kommende Welt teilen.

Oder doch? Denn nehmen wir nicht für uns das Recht in Anspruch, auszusagen, daß die Russische Revolution die innern Machtverhältnisse, soweit sie den Stand der Bürger oder vielmehr der Untertanen bestimmen, kaum geändert habe? Und hat nicht auch Tocqueville solche Kontinuität über den scheinbar radikalen Umbruch hinweg gekannt – er wie kein zweiter? Er spricht von ihr in seinem zweiten großen Werk, in »L'Ancien Régime et la Révolution«. »Gewiß«, so schreibt er dort, »hat es nie eine Revolution gegeben, die gewaltiger, rascher, zerstörender und schöpferischer gewesen wäre als die französische. Dennoch wäre es eine große Täuschung zu meinen, es sei aus ihr ein völlig neues französisches Volk hervorgegangen... Die Französische Revolution hat eine Vielzahl zusätzlicher, zweitrangiger Dinge geschaffen, aber die wichtigen hat sie nur aus ihren Ansätzen heraus weiterentwickelt, die lange vor ihr bestanden.« Die Widersprüche, die Rückwendungen, welche Tocqueville im Übergang von der Monarchie zu Annäherungsformen der Republik feststellt – sollte er mit ihnen nicht für den geschichtlichen Ablauf überhaupt gerechnet haben?

Im übrigen bezieht sich Tocquevilles Prophezeiung nicht in erster Linie auf die Entwicklung des amerikanischen Staates und des russischen Reichs. Er sah den Amerikaner im Kampfe stehen mit natürlichen Hindernissen, d. h. im Kampfe um das noch unerschlossene Land. Es fehlt in »De la démocratie en Amérique« nicht an Hinweisen darauf, daß dieser Kampf einmal zu Ende gehen, die ganze Breite des Kontinents gesicherter Bereich der Union sein werde. Trotzdem bezieht Tocqueville die Pionierarbeit in seine Voraussage ein; denn er sieht sie einen Menschenschlag formen, der anderen Aufgaben so begegnen wird, wie diese es ihn gelehrt hat: mit dem Bewußtsein, daß der Einzelne sich zu bewähren hat und sich bewähren kann, weil die Gemeinschaft auf ihn zählt.

Nicht anders verhält es sich mit Tocquevilles Charakteristik der Russen. Daß sie als Sinnbild der allgemeinen Tatkraft, Verantwortung und Autorität den *Einen* hatten, die leibhaftige Staatsperson, das fand er tief in der Vergangenheit und tief im Menschen angelegt, tiefer, als eine Staatsform es sein konnte. Und wie hätte ihm nicht bekannt und geläufig sein sollen, daß Barbarei nicht unwiderruflich abgetrennt ist von Zivilisation, daß deren Waffen die Hand auch wechseln können. Neben der Gestalt des freien Mannes, welcher sich durchs Unwegsame schlägt, um einmal gleichzeitig sein Haus und einen neuen Grenzstein zu errichten, deutet er das Gegenbild des Knechtes an, den die Arbeit für ein allgemeines, ihm nicht sichtbares Ziel verbraucht. »Die Eroberungen der Amerikaner werden durch die Pflugschar des Landmanns vollbracht«, sagt er, »die der Russen durch das Schwert des Soldaten.« Auch davon ist das Wesentliche gültig geblieben, die Aussage, daß individuelle Kräfte hier, gelenkte Energien dort am Werke seien.

Tocquevilles Sätze münden in eine Prophezeiung, aber fürs

erste nennen sie gegenwärtige Umstände (»Es gibt heute auf der Erde...«), und daran schließt sich die Voraussage nicht als eine Folgerung – im Stil von »Wenn es so weitergeht«. Die Richtigkeit der Prophezeiung hängt nicht davon ab, wie es weitergeht, sondern davon, ob die Situation tief genug erfaßt ist, ob sie sich auf Grundmöglichkeiten des staatlichen, gesellschaftlichen Lebens bezieht, deren Bereich nicht überschritten wird, wie immer »es« auch »weitergehen« mag. In seinem Buch »De la démocratie en Amérique« hat es Tocqueville mit Fragen der Ordnung und des Gedeihens zu tun. Welthistorische Perspektiven sind nicht sein Thema. Wenn er die Zukunft der Erde an zwei Völker, zwei Staaten fallen sieht, so rechnet er nicht auf Umwälzungen, sondern auf Konstanten. Damit er einmal recht behalten würde, mußten die Vereinigten Staaten ihrer liberalen Grundgesinnung treu bleiben, das russische Reich durch allen Wandel hindurch im Despotismus verharren. Das Erstaunlichste an Tocquevilles Überlegung war aber die Rolle, die er den übrigen Völkern zuwies. Die Faszination, die heutige Europäer aus seinen Sätzen ziehen, hat unter diesem Gesichtspunkt einen selbstquälerischen Zug, der Tocqueville ebenfalls nicht Lügen straft.

Ansicht des Klassischen

Ein Wort von Jacob Burckhardt

In dem Abschnitt: »Zur geschichtlichen Betrachtung der Poesie«, der in den Ausgaben der »Weltgeschichtlichen Betrachtungen« an den Schluß des Kapitels »Von den drei Potenzen« gestellt ist, erklärt Jacob Burckhardt – Schopenhauer zitierend –, die Poesie »leiste mehr für die Erkenntnis des Wesens der Menschheit« als die Geschichte, die Kunde von vergangenen Dingen. Schopenhauer entwickelt diesen Gedanken im ersten Band von »Die Welt als Wille und Vorstellung« (§ 51) und führt ihn im 38. Kapitel des zweiten Bands weiter aus. Ausgangspunkt ist für Schopenhauer – wie auch wieder für Burckhardt – die Erklärung des Aristoteles, daß »die Dichtung etwas Philosophischeres und Tieferes als die Geschichte« sei. »Zwar lehrt auch Erfahrung«, sagt Schopenhauer, »lehrt auch Geschichte den Menschen kennen; jedoch öfter *die* Menschen als *den* Menschen: das heißt sie geben mehr empirische Notizen vom Benehmen der Menschen gegen einander, woraus Regeln für das eigene Verhalten hervorgehen, als daß sie in das innere Wesen des Menschen tiefe Blicke tun ließen.« Und in seinen ergänzenden Bemerkungen führt er den Nachweis, daß die Geschichte keine Wissenschaft sei, denn ihr fehle »die Subordination des Gewußten, statt deren sie bloße Koordination desselben aufzuweisen« habe; weshalb erst recht der Entwurf eines geschichtsphilosophischen Systems scheitern müsse – die Polemik gegen Hegel ist hier offenkundig. Was aber dann der Geschichte, »nach dieser Besiegung von der Kunst und Abweisung von der Wissenschaft«, als Eigenwert übrig bleibt, gedeiht bei Schopenhauer nicht über eine Skizze hinaus, aus welcher man sich das Wort vom »besonnenen Bewußtsein des menschlichen Geschlechts« merken mag.

Burckhardt nun fügt den Gedanken hinzu, daß die Poesie der Geschichte »eine ihrer allerwichtigsten Quellen und eine ihrer allerreinsten und sichersten« biete. Und zwar nicht nur hinsichtlich der »Erkenntnis des Wesens der Menschheit überhaupt« (nach Schopenhauers Formel), sondern auch durch die von ihr vermittelten »reichen Aufschlüsse über Zeitliches und Nationales«. Da könnte es scheinen, als wendete Burckhardt seine Bewertung des Dicht- wie des Kunstwerks im allgemeinen auf einen bloß dokumentarischen Nutzen für das Verständnis vergangener Dinge zurück. Doch es scheint nur so. Denn jetzt folgt der Satz: »Die Poesie ist für die geschichtliche Betrachtung das Bild des jezuweilen Ewigen in den Völkern und dabei von allen einzelnen Seiten belehrend und überdies oft das einzige Erhaltene oder das Besterhaltene.«

Das Bild des jezuweilen Ewigen... Es ist eine der überraschenden Wendungen, die bei Burckhardt nicht sehr oft und nicht ganz selten erscheinen, ohne viel Nachdruck, ohne fühlbare stilistische Prätention, aber sie halten den Leser fest. Zunächst durch einen Widerspruch: Wie verträgt sich das Jeweilige mit dem Ewigen? Da wäre zu überlegen, ob Burckhardt – geistlichem Milieu entwachsen, ehemals Theologiestudent – die neutestamentliche Rede vom »ewigen Leben« mit im Sinn hatte, die nicht ein unaufhörliches Leben meint, sondern ein Leben, das in sein Eigentliches gelangt ist und das sich durchaus von irdischen Stunden der Erfüllung, der Feier und der Freude her begreift und begreifen läßt. Doch der Zusammenhang des Textes deutet auf diese Assoziation nicht hin, sie mag nur beim Leser ihre Berechtigung haben.

Zwar entfernt man sich von der biblischen Vorstellung kaum, wenn man nun, näher an Burckhardts Satz, das Ewige auffaßt als die Überwindung der Vorläufigkeit und wenn man solche Überwindung als eine jeweilige, in geschichtlichen Situationen je wieder anders vollbrachte versteht. Aber man spürt: dem Wortlaut geschieht vielleicht noch Gewalt, solang man zu eifrig strebt, einen existentiellen Vorgang zu fassen, gleichsam die Harmonisierung jenes gespannten Verhältnisses, in welchem Pascal den Menschen zwischen dem Ganzen und dem Nichts schweben sieht. Und es könnte doch nur gemeint sein, was Burckhardt im selben Werk einmal zu den »Höhepunkten« der Poesie rechnet – daß sie »vergangene Freuden und Leiden Einzelner aus allen Völkern und Zeiten zum unvergänglichen Kunstwerk verklärt, damit es heiße: *spirat adhuc amor*...« Unvergänglich eben im Sinn des »oft einzigen Erhaltenen oder Besterhaltenen«; oder wie es von Goethe her zweifellos auch für Burckhardt weiterklang: »Das, was vergänglich ist, bewahrt sein Lied.«

Trotzdem zögert man, die Bedeutung des »jezuweilen Ewigen« auf den Gedanken der Fortdauer zeitlichen Lebens oder Erlebens in Dichtwerken einzuschränken. Und wenn Burckhardt von dem »Bild« dieses Ewigen spricht, das die Poesie für die geschichtliche Betrachtung sei, fragt man nicht allein nach der Gestalt, in der das Vergängliche jeweils Dauer gewinnt, sondern zugleich nach der Form, die gültig genug ist, das Dauernde zu einer bestimmten Zeit in sich aufzunehmen. Redet man aber so von »gültig« und »dauernd«, dann nähert man sich – sei es auch auf der Ebene säkularer Kunstbewertung – dem neutestamentlichen Begriff des »ewigen Lebens« schon wieder an, eines Lebens, das gültig wird und ins Dauernde eintritt, das seine zeitlichen Grenzen übersteigt, aber nicht beseitigt. Und zugleich nähert man sich einer Vorstellung von Geschichte, die nun doch nicht bloß »Koordination«, sondern Stufung kennt, »Subordination«, nicht der Methode, aber der Deutung nach – wie das dem »besonnenen Bewußtsein des menschlichen Geschlechts« auch gemäß ist...

Ob man das Wort vom »jezuweilen Ewigen« so oder anders umkreist: durch seinen Bezug zu Dichtung und Kunst und zu deren geschichtlichem Stellenwert sieht man sich immer zurückverwiesen auf einen Begriff, der Burckhardt geläufig, aber für ihn nicht verbraucht war, auf den Begriff des Klassischen. Wenn der Historiker auf dem Vorrang des Dichtwerks vor dem Geschichtswerk beharrte, so verstand er die Poesie nicht als schriftliches Zeugnis für irgendeinen vergangenen Zustand, sondern als menschliche Leistung, die in ihren »Höhepunkten« auf das weist, was über und doch nicht außer der Zeit den Sinn der gelebten Epoche bestimmt, »Dauer in dem Wandel« glaubwürdig macht.

Der Moralist im Memorialisten

Saint-Simon

Am 14. Mai 1708 brach der älteste Sohn des Dauphins nach Flandern auf, zur Armee, die unter dem Kommando des Herzogs von Vendôme, des Enkels eines illegitimen Sohnes Heinrichs IV., stand. Dreifacher Anlaß zum Tadel für Saint-Simon. Der König unterstellt den jungen Herzog von Burgund einem Mann, der ihn nicht zum Zug kommen läßt, aber den wahrscheinlichen Mißerfolg (hier behielt der Kritiker recht) mit ihm teilen wird; Bastardenblut noch dazu. Ludwig XIV. – »der die Schwäche hatte, nie an einem Freitag zu verreisen« – läßt am Jahrestag der Ermordung seines Großvaters und des Todes seines Vaters seinen Enkel ins Feld ziehen. Und Saint-Simon, der an diesem Gedenktag in Saint-Denis das Grab Ludwigs XIII. besucht, weil er Rang und Vermögen seiner Familie dem König (und Richelieu, seinem Minister) verdankt, ist dort allein, wie in jedem Jahr, weil sich sonst niemand vergangener Wohltat erinnern will.

Die Grundstimmung der »Mémoires« spiegelt sich in solchem Detail. Saint-Simon ist ein »laudator temporis acti«, ein Historiker seiner Gegenwart aus Sehnsucht nach einer bessern Vergangenheit. Es geht abwärts. Die Leute wissen nicht mehr, wohin sie gehören. Der König rettet dann und wann noch das Hofzeremoniell durch einen vernichtenden Blick auf den, der es hat verletzen wollen (und man redet in Versailles tagelang mit behaglichem Gruseln von diesem Blick und von seinem Opfer). Aber er selber, Ludwig XIV., mit seinem »esprit au-dessous du médiocre«, mit seiner Abhängigkeit von der jeweiligen Dame, mit seinem Zutrauen zu Kammerdienern und zu andern Gestalten, »qui sortoient de la lie du peuple«, vor allem aber mit seiner Vorliebe für die »bâtardise«, die sogar die rechtmäßige

Thronfolge in Gefahr brachte: war nicht er, der König, am Zerfall der Ordnung schuld?

Zu sagen, was Saint-Simon unter Ordnung verstand, ist nicht leicht. Im Vordergrund stehen die Regeln des höfischen Lebens; für uns die Gesetze einer Geheimwissenschaft, für den Verfasser der »Mémoires« die Formelemente des Alltags. Wer sich nicht an die Regeln hält, fällt aus dem Spiel, er verschwindet vom einzigen Schauplatz, der zählt, er wird sein Leben »dans la plus parfaite obscurité« beschließen als ein Stück Bevölkerung in Paris oder draußen auf seinen Gütern. Was übrigens Saint-Simon selbst widerfuhr: seine militärische Karriere war im Anfang gescheitert, unter Ludwig XIV. brachte er es nicht über die Rolle des – freilich fast allgegenwärtigen – Statisten hinaus, unter der »Régence« des Herzogs von Orléans gelangte er zu politischem Einfluß, den er doch nur zur Ausschaltung der gehaßten Bastarde benützte, – und aus. Als er sein Erinnerungswerk redigierte, war er selbst in der Lage, die er so vielen Zeitgenossen ohne Mitgefühl nachsagt: vergessen, wenn man je seiner gedacht hatte.

Aber in einer Zeit des Ordnungsverlustes kann doch gerade der verdrängt werden, der an den Regeln hat festhalten wollen? Ein bitterer Trost: der indessen Gelegenheit gibt zu beweisen, daß man sich unter der Form des Hoflebens mehr und Tieferes vorgestellt hat als nur die Figurenlehre einer Ballettkunst. Etikette als moralische Kraft: nicht ganz genau das, was wir heute am leichtesten nachvollziehen; und auch in sich selber nicht frei von Widerspruch, insofern nach den Richtlinien der Etikette bedenkenlos intrigiert wurde – was Saint-Simon nicht mißbilligt, solang die Intrige nach seinem Geschmack ist. Und doch. Wie sollte, wie konnte wohl einer die Treue zu Staat und Gesellschaft, die Loyalität gegenüber dem königlichen Herrn, den christlichen Gehorsam gegenüber Gott und der Kirche anders zum Ausdruck bringen, als indem er sich so verhielt, wie es ihm, d. h. seinem Stand und mithin auch seiner Person, von jeher verordnet war?

Man hat gegen Saint-Simon eingewendet, er habe auf zehntausend Seiten die Geschichte von dreißig Jahren (1694–1723) geschrieben, ohne zu merken, worauf es »eigentlich« ankam: nicht auf Rang und Vorrang von Prinzen, Ministern und Hofdamen, sondern auf die soziale Entwicklung und Fehlentwicklung im Lande; nicht auf Erfolg oder Mißerfolg militärischer und diplomatischer Unternehmungen und auf die Schwächen des Königs, sondern auf den vom Grund her verhängnisvollen Charakter der absolutistischen Machtpolitik Frankreichs. Das stimmt – bis auf die Prämisse: Saint-Simon hat nicht Geschichte geschrieben, sondern einen Augenzeugenbericht, er ist kein Historiker, sondern eine historische Quelle. Eine andere Frage ist die, ob Historiker schon aus der vollen Breite und Tiefe dieser Quelle geschöpft haben. Denn daß Saint-Simon seine Vorurteile hat und parteiisch ist, daß er in seinen Personenbeschreibungen polemisiert und Ereignisse oft verzerrt wiedergibt – das mußte einmal geklärt sein; was aber übrigbleibt, nicht nur an Fakten, sondern vor allem an indirekter Kennzeichnung der französischen Aristokratie um 1700 in ihrer wirtschaftlich-politischen und sozialpsychologischen Situation – das bleibt aufzuarbeiten und nimmt wohl das ganze Arsenal moderner Methoden in Anspruch.

Die intensivste Auswertung ist bisher nicht durch einen Historiker, sondern durch einen Dichter erfolgt, durch Proust. Daß er aus der Reihe seiner »Pastiches« einzig die Saint-Simon-Parodie über ihr erstes Erscheinen hinaus weiter bearbeitet hat, ist ein bloßes Symptom. Die »Recherche du temps perdu« steckt nicht nur voll von Anklängen an die »Mémoires«, sie bezeugt auch deren toposbildende Kraft. So taucht die Bekehrung der Marschälle Turenne und Lorge zum Katholizismus verwandelt wieder auf in der Hinwendung des Prince und der Princesse de Guermantes zum »dreyfusisme«: in beiden Episoden verhindert gegenseitige Rücksichtnahme, daß die Personen sich ihren Sinneswandel gestehen; hier wie dort ist es der gemeinsame Beichtvater, dem sie sich anvertrauen. Verhaltensmuster – Verhaltensforschung: die Politologen können von Proust wie von Saint-Simon lernen; auch, weil bei beiden ein Maßstab an das Verhalten gelegt, gesellschaftliche Integration als sittliche Forderung sichtbar gemacht wird.

Erotik und Politik

Brennpunkte der Existenz Benjamin Constants

An seinem siebenunddreißigsten Geburtstag, am 3. Brumaire (25. Oktober) 1804, stellt er fest: »Der beste Teil meines Lebens ist vorüber.« Im günstigen Fall werde er kaum noch die Hälfte der bisherigen Zeit ohne Beschwerden zubringen können. (Die Beschwerden waren mehr als pünktlich, von 1818 bis zu seinem Tod, 1830, ging Constant wegen eines schlecht verheilten Beinbruchs an Krücken.) Im Tagebuch folgt nun ein Lebensabriß. Bis 14 die strenge Erziehung des Vaters, der den Sohn doch zugleich bewunderte und ein übersteigertes Selbstgefühl in ihm weckte. Bis 16 das Studium in Erlangen und der Aufenthalt am Hof von Ansbach-Bayreuth. Bis 18 die beiden glücklichen Studienjahre in Edinburgh. Dann Paris – er überspringt Aufenthalte in Brüssel und Lausanne – und wieder Paris. Er spricht von Frauen, vom Glücksspiel, erwähnt eine Reise nach England, läßt manches andere weg und ist nun in Braunschweig, verzeichnet nicht seine Heirat, mit 21, wohl aber die Scheidung, mit 26. »A 27, amour pour Minette« – Mme de Staël – »et passions politiques.« Und jetzt, zehn Jahre später, steht eine neue Wendung bevor, »denn alles, was ich noch wünsche, ist Ruhe. L'obtiendrai-je?« Er zweifelt mit Recht.

Das Tagebuch endet ein halbes Jahr später, nachdem Julie Talma, »die beste, selbstloseste Freundin«, in Constants Armen gestorben ist. Für die Zeit bis Ende 1807 sind wir auf das »Journal abrégé« angewiesen, das bis zum Herbst 1806 nur aus Stichworten besteht; dann wird es wieder ausführlicher. Die Notizen sind mit Zahlen (von 1 bis 17) durchsetzt, die Constant in einer Nachschrift zu dem früheren Tagebuch erläutert hat:

> 1 signifie jouissance physique. 2 désir de rompre mon éternel lien dont il est si souvent question. 3 retours à ce lien par des

souvenirs ou quelque charme momentané. 4 travail. (...) 8 projets de mariage. 9 fatigue de Mme Lindsay. 10 souvenirs doux et retours d'amour vers Mme Lindsay. 11 hésitation sur mes projets avec Mme Du Tertre. 12 amour pour Mme Du Tertre. 13 incertitude sur tout. (...)

Nach diesem System notiert Constant beispielsweise am 13. Oktober 1806: »4 assez bien. 2 et 3 de sorte que 13 assez tristement.« Das heißt, er kommt mit der Arbeit gut voran, schwankt aber zwischen dem Wunsch, mit Mme de Staël zu brechen, und seiner Bindung an sie – so, daß er in der »incertitude sur tout« und in Trübsal versinkt. Neun Tage später beschließt er: »2 cet hiver«: den Abend verbringt er mit Charlotte (Du Tertre oder de Hardenberg), seiner späteren Frau: »Cette femme est un ange de douceur et de charme! Quel lot j'ai manqué dans la vie! 12.12.1.« Und am nächsten Tag: »12.12. plus que jamais. 2.2.1.« Das chiffrierte Drama läßt sich genausoweit verfolgen, wie auch das autobiographische Romanfragment »Cécile« reicht; das »Journal abrégé« bricht am 27. Dezember 1807 ab mit dem Ausruf: »Que faire, et que devenir!« Constant wird sich ein halbes Jahr später mit Charlotte heimlich vermählen und von Mme de Staël auch dann noch nicht loskommen. Erst nach stürmischen Auftritten, großen Abgängen, Verzweiflungsausbrüchen, einem Selbstmordversuch Charlottes, Zerwürfnissen, Aussöhnungen haben die beiden sich schließlich getrennt, am 9. Mai 1811 auf der Treppe der Auberge de la Couronne in Lausanne. Eine Woche danach beginnt ein neues Tagebuch, das bis zum September 1816 führen und unter anderem von der Leidenschaft Benjamin Constants für Juliette de Récamier berichten wird.

»A 27, amour pour Minette et passions politiques.« Das bleibt der Schlüsselsatz.

Denn über der Zahl 1, die Constant der »jouissance physique« zuweist – in einer Aufzeichnung Stendhals ist dieselbe Priorität festgesetzt –, darf man nicht vergessen, daß auf der Rangliste dem erotischen Hauptkomplex als nächstes der »travail« folgt; und die zugehörige Zahl 4 wird aus dem Tagebuch nur durch die schwersten Krisen verdrängt. Über Jahre hin stehen Werkbericht und Affärenprotokoll nebeneinander, der Nachmittag in der Bibliothek wird so gut wie der Abend bei der Geliebten verzeichnet und die Kapiteleinteilung eines Buches gleich gründlich erwogen und fast ebensooft geändert wie ein Heiratsprojekt oder eine Trennungsabsicht. Benjamin Constant war nicht sehr oft glücklich und nie für längere Zeit; aber fleißig war er beinahe immer, und seinen Themen – Freiheit, Legitimität, Religion – ist er nie untreu geworden.

Erfolgreich als politischer Schriftsteller, drängte er doch über den bloß literarischen Ruhm hinaus. Sein Ehrgeiz bewog ihn, sich Napoleon zur Verfügung zu stellen, als der Kaiser 1815 von Elba zurückkehrte; so hat er neun Wochen lang dem Conseil d'Etat angehört. Nach Waterloo droht ihm das Exil, aber er schreibt »un mémoire apologétique que je crois admirable de modération et de noblesse«. Die Pariser Gesellschaft fällt über ihn her, doch der König verzeiht ihm; er wird insgesamt neun Jahre Abgeordneter unter der Restauration sein; als Redner so bedeutend wie als Schreiber. »... si j'ai cherché la liberté sous diverses formes«, hat er 1818 geschrieben, »je n'ai jamais cherché que la liberté.«

Er durfte das schreiben. So unstet seine Empfindungen waren, so kohärent war sein Denken. Man wird bei ihm nicht leicht einen Satz entdecken, der nur zu diesem oder zu jenem Zeitpunkt opportun oder möglich war. Die »Principes de Politique«, 1806 begonnen, hat er während der Hundert Tage beendet und publiziert: er brauchte, wie er am 3. Mai 1815 bemerkt, »un ouvrage qui rétablisse ma réputation et constate mes principes«. Obwohl es eigentlich an Bonaparte gewesen wäre zu erklären, warum er den Oppositionsliteraten, den calvinistischen Liberalen, den Autor des »Esprit de Conquête« auf einmal verwendbar fand. Auch Constant hat sich gewundert; jedenfalls schrieb er nach der ersten Begegnung mit dem Kaiser: »C'est un homme étonnant« – was er im großen und ganzen ja schon vorher gewußt hatte. Nach dem zweiten Gespräch aber schrieb er: »Ce n'est pas précisément de la liberté qu'on veut.« Und das zeigt, daß er gegenüber seinen politischen Erfahrungen ironisch sein konnte; in seinen erotischen Erlebnissen gelang ihm das nicht.

Seit 1818 ging er an Krücken, seit den Wahlen von 1819 gehörte er (mit einer Unterbrechung von anderthalb Jahren) dem Parlament an. Zuerst die »Beschwerden«, die er gefürchtet, dann das politische Handeln, nach dem er sich gesehnt hatte. Und da nun sein Wort in die Waagschale der nationalen Entscheidungen fiel, blieb doch sein literarischer Ruhm unvollkommen: Die Académie verweigerte ihm mehrmals die Aufnahme, zuletzt noch drei Wochen vor seinem Tod. Ein Jahr zuvor hatte er ein Gedenkblatt auf »Minette« verfaßt, die vor der Erfüllung seiner »passions politiques« gestorben war. »Selbst wenn man sich von ihr trennte«, so heißt es da, »war man noch lange von dem Zauber getragen, den sie auf ihre Umgebung ausgeübt hatte; man glaubte weiter mit ihr zu sprechen; man trug ihr alle Gedanken vor, die aus neuen Eindrücken entstanden...«

Zuruf und Gegenrede

Dokumente zweier Leidenschaften

Die Briefliteratur ist nicht arm an Zeugnissen geistigen Austauschs und seelischer Symbiose zwischen einem weiblichen und einem männlichen Partner. Doch das spezifische Spannungsverhältnis und der dramatische Lebensprozeß, worin die Pygmalion-Leidenschaft einer bedeutenden Intelligenz und die nachbildende Intuition einer großen Künstlernatur zu beider Unglück und Glück sich verbinden können, sprechen sich wohl nicht oft mit solcher Intensität aus wie in der Korrespondenz zwischen *Eleonore Duse* und *Arrigo Boito*.

Boito, geboren 1842, ein Mann der Literatur, der Musik, des Theaters, ein Mann der Bildung (die »Divina Commedia« stets in der Tasche) und des übersteigerten Selbstanspruchs (in dreißig Jahren eine vollendete, eine unvollendete Opernpartitur), ein »homme à femmes«, einsam in wechselnden Beziehungen lebend, von denen die Liaison mit der Duse vielleicht nicht die engste, aber die stärkste war.

Und »Lenor«, wie sie in dem Briefwechsel heißt, 1858 geboren, ein Kind des Theaters, eine Frau von verzehrendem literarischen Interesse, maßlos in ihrem Selbstanspruch, sehnsüchtig einsam in wechselnden Beziehungen lebend, von denen die Liaison mit Boito vielleicht nicht die stärkste, aber die tiefste war.

Kein Zweifel, daß Boito während vieler Jahre in ihrem Bann stand; es gab jedoch Zeiten, da sie ihn hätte heiraten und die Bühne verlassen wollen – und er sich darauf nicht einließ, ob nun dem Theater zuliebe (wie er erklärte) oder um der eigenen Arbeit und Ruhe willen, wer mag es wissen; er war ein bis zur Wunderlichkeit verschlossener Mann, der wohl nicht einmal mit sich selbst über alles sprach. Anstatt sich auf die Freundschaft mit der berühmten Schauspielerin etwas zugute zu tun, hielt er auf

Heimlichkeit (während sie zwar zur Vorsicht zeitweise gezwungen war, aber unter ihr litt) und kränkte sie damit so gut wie mit vielem anderen, denn sie war empfindsam und übrigens ein Trampel in ihrer Empfindsamkeit, so wie er empfindlich war und gedankenlos sein konnte.

Liest man sich in den Briefwechsel ein – er umfaßt 770 Nummern und füllt an die tausend Seiten –, glaubt man sogleich den Hauptunterschied zu entdecken: zwischen geordneter Mitteilung (Boitos) und chaotisch emotionaler Bekundung (der Duse). Und an diesem Unterschied gibt es gar nichts zu deuten. Beim Weiterlesen erkennt man jedoch, daß die Briefe Boitos durchsetzt sind mit ganz kurz aufleuchtenden Zeichen der – nun, der Liebe, man kann es nicht anders sagen. Und scheut man die Mühe nicht, die Zurufe Lenors – Briefe, die tatsächlich *nur* aus Signalen und oft mehr aus Satzzeichen als aus Worten bestehen – gewissenhaft durchzubuchstabieren, kommt man allmählich darauf, daß hier umgekehrt lauter Liebeserklärungen die freilich unerwartete Form eines Arbeitsgesprächs sind.

Das wußte man immer: daß der Schauspielerin dank Boitos Freundschaft neue Bereiche der dramatischen Literatur, des theatralischen Handwerks erschlossen worden sind; während die Duse durch ihre spätere, kürzere, offenere Beziehung zu D'Annunzio in den Dienst an dem problematischen Werk dieses einen Autors geriet. Erst seit ein paar Jahren, erst seit die Korrespondenz mit Boito zugänglich ist, sieht man nun aber, daß schon der Austausch der Dreißigjährigen mit dem älteren Mentor aus menschlicher Passion hervorgegangen war; so wie andererseits noch die Bindung der Vierzigjährigen an den jüngeren Dichter ein professionelles Ziel hatte – ob uns die Stücke D'Annunzios einleuchten oder nicht. Die Duse brach mit ihm, als sie sich vom Theater zurückzog; die Phasen ihrer Kunst und ihres Lebens lassen sich nicht trennen.

Das »Carteggio«, das Dossier, das nach Boitos Tod, 1918, in seinem Nachlaß gefunden wurde, ist unvollständig. Die beiden hatten sich 1884 kennengelernt, ihre Intimität hatte zwei Jahre später begonnen und 1891 eine Krise erfahren; zu dieser Zeit erhielt Boito seine Briefe zurück; spätere nicht mehr. Aus den Jahren 1891 bis 1918 existieren deshalb nur Briefe der Duse, und wohl auch sie nur zum Teil; aber Lücken sind schon in der Zeit vor 1891, und auf beiden Seiten, ersichtlich. Das Ende der Beziehung fällt in das Jahr 1897; danach erreichen Boito noch vereinzelte Zurufe, bis zuletzt; den Duktus seiner ordnenden, zärtlich dämpfenden Gegenrede kann man sich für diesen Zeitabschnitt nicht mehr recht vorstellen, und doch hat auch er bis in die Wochen vor seinem Tod die Verbindung aufrechterhalten.

Information über Tätigkeit, Lebensgang, menschliche Verhältnisse (etwa Boitos zu Verdi, für den er Libretti schrieb), über Trennung und Wiedersehen der beiden, ihre Liebesgeschichte, entnimmt man also den früheren Briefen. Aber die letzten Botschaften der Duse, in denen nicht viel mehr steht, als daß sie hier oder da ist und eben jetzt an den Partner denkt, – sie sind das Merkwürdigste von allem und in der Briefliteratur einzigartig. Es hatte zur schriftlichen Wechselrede zwischen Lenor und Arrigo gehört, daß der eine mit dem Namen des andern oder auch jeder mit beiden Namen unterzeichnete. Später setzt die Duse für Arrigo »Nome« ein, den Namen *tout court,* wie er umgeht in ihr; »benedetto e caro Nome«. »Ich verlange nicht«, schreibt sie im letzten Jahr, »daß Nome sich meiner erinnert«; und unterzeichnet den Brief mit »Nome« – mit seinem, mit ihrem »Namen«? Das wird ununterscheidbar.

Es war mit der Vereinigung der beiden Namen am Schluß eines Briefes natürlich die volle Zusammengehörigkeit ihrer Träger gemeint. Aber im Weiterspielen wurde daraus – übrigens fern aller Literatur oder Psychologie – etwas anderes, ja das Gegenteil. Nun blieb jeder allein mit seiner Bindung an den andern, einer Bindung, von welcher man in Lenors Diktion kaum hören kann, daß sie sich gelockert hätte; die Leidenschaft wird weitergelebt, nur ohne den Partner, in einer Einsamkeit, die vielleicht nie überwunden war. So daß man es schließlich wohl mit zwei Leidenschaften zu tun hat: die für beide nur im Rahmen ihres Arbeits- und Existenzplans (an den nicht gerührt wurde) einander treffen konnten. Woraus eine ebenso traurige wie würdige Geschichte entstand.

Kontinuität der bürgerlichen Bildung

Über Ricarda Huch

Vor rund vierzig Jahren ist Ricarda Huch gestorben. Noch lebt der Zauber fort, der ausging von ihrer Person, und die Pietät, welche die Altersgestalt der im eigenen Schicksal wie in dem ihres Volkes geläuterten Frau umgab. Zugleich tritt die Betrachtung in ihr Recht, die dem Geist und dem Buchstaben ihres Werkes gilt und auf Grund der Texte den Ort zu bestimmen sucht, welchen Ricarda Huch im Jahrhundert einnahm.

Doch in welchem Jahrhundert? Wollten wir die Schaffensbereiche der Dichterin und der Historikerin auseinanderhalten, wir könnten den einen eher zu ihrer früheren, den anderen zu ihrer späteren Lebenshälfte in Bezug setzen, den ersten vor, den zweiten nach der großen Wende »1914« angelegt finden. Aber wie weit trägt die Unterscheidung zwischen so eng Zusammengehörigem? Deutlich wird durch sie allein das biographisch Selbstverständliche: daß einerseits der Umgang mit weitläufigen Vergangenheitsstoffen über längere Zeit hin reift als die Auseinandersetzung mit unmittelbar erfaßten, empfundenen Lebensaspekten; daß anderseits die Erfindungskraft in höheren Jahren hinter der Kunst des Verstehens und der Wiedergabe zurücktritt. Was aber die »Wende« betrifft, den Übergang in die Zeit, die wir in engerem Sinn die unsere nennen, so ist zu sagen, daß im deutschen Geistesleben wohl nur wenige – unter den wahrhaft Beteiligten – so unangefochten aus jenem Jahrhundert in dieses herübergetreten sind.

Kontinuität aus dem Zeitalter des Bürgertums und seines Bildungsgepräges herauf: sie war für Ricarda Huch zunächst persönlich begründet. Die Luft, in der sie aufwuchs, ihre Erziehung, das akademische Leben, das sich ihr in der Frühzeit des Frauenstudiums öffnete: all dies umgab sie mit dem weitesten

Maß an Freiheit, das die damalige Welt der geistigen und charakterlichen Entfaltung zu bieten hatte – einem Maß, das seither allgemein geworden ist und sich in einigen moralischen Details, in Wesentlichem kaum verändert hat. Zu dem Einklang mit der sozialen Sphäre ihrer Jugend fügte sich die Faszination durch Beziehungen, Bindungen, denen die ihr nächsten Menschen gehorchten und bald auch sie selber verfiel – so sehr, daß der Bannkreis, welcher das Mädchen umschloß, noch die alternde Frau nicht entließ und fortfuhr, die Konstellationen in ihren erzählenden Werken und manche Problemstellung in den betrachtenden Schriften mitzubestimmen.

Und so nun waren zugleich die Voraussetzungen dafür gegeben, daß Ricarda Huch der Stimmung, aber auch dem Denken der Romantik über den Wandel der Zeit hin verbunden blieb. Glück und Prüfung der Gemeinschaft sah sie in den Schicksalen wie in den Theorien der Schlegel, in Schleiermacher und Schelling, Novalis und Tieck exemplarisch dargestellt; als Vorbild und darum nicht weniger als Opfer mitmenschlicher Existenz erkannte sie Caroline, deren Leben sie zweimal beschrieben hat, 1899 in dem Buche »Blütezeit der Romantik« und 1914 in der Einleitung zu Carolines Briefen. Die Stellung der Frau im Kreis der Romantiker war ihr bedeutsam, nicht nur historisch, im Hinblick auf die gesellschaftliche Verselbständigung ihres Geschlechts, sondern mehr noch anthropologisch und religiös, im Hinblick auf das Verhältnis zwischen weiblichem und männlichem Charakter und Lebensprinzip, das ihre Gedanken immer wieder auf sich gezogen hat.

Wie eng sich für Ricarda Huch der Austrag mit inneren Spannungen, eigenen Konflikten und ihre deutende Arbeit am geistigen Erbe verbanden, wird an diesem Grundthema deutlich. Die »Briefe an einen Freund«, die sie 1916 unter dem Titel »Luthers Glaube« herausgab, beziehen durch die Form des schriftlichen Gesprächs mit einem imaginären Partner wie durch ihre theologische Aussage selbst die christliche Lehre auf eine tief gegründete Antithetik zwischen Mann und Frau. Dem »Fürsichsein«, der Tendenz zur Persönlichkeit, ist hier das »Allein« entgegengesetzt, die ruhende Kraft, in der sich die Gottesnähe erhält:

»Das Selbstsein bedingt den Tod«, sagt Ricarda Huch, »ja, je mehr Persönlichkeit, desto mehr Tod hat der Mensch in sich.« Das männlich-individualisierende Prinzip führt zum Wollen, zum Denken, zur bewußten Aktion; im Weiblich-Universalen ist das Schöpferische angelegt – die absichtlos gestaltende Phantasie – das, was Ricarda Huch mit einem ihr heiligen Wort bezeichnet: Genie.

Einen sehr nachdrücklichen Akzent erhalten die drei Stufen der Versuchung, welche Luther unterschied: »die erste durch Trägheit und Sinnlichkeit, die den Menschen in der Jugend befällt; die zweite durch den Ehrgeiz, das Streben nach Macht, Ruhm und Ansehen in der Welt, die Versuchung des Mannesalters; schließlich die dritte und letzte, wo der Mensch, alle anderen verachtend, sich selbst vergöttert, sich an Gottes Stelle setzen will. Man kann nach diesen Stufen den dummen Teufel, den bösen Teufel und den stolzen Teufel, Luzifer, unterscheiden.« Luzifer: so nennt die Autorin das Gegenbild des christlichen Menschen, den sie aus Luthers Theologie zu erschließen sucht. Ihre Briefe wenden sich gegen ihn und auch an ihn. Die schattenhafte Person des Partners weist »luziferische« Züge auf; Autobiographisches spielt da herein, doch zugleich eine Vorstellung vom »modernen Menschen«, die Ricarda Huch dem Leser warnend einprägt. »Beständiges Selbstwollen« wirft sie ihm vor, das »zu vollständiger Entkräftung führen« muß, »wenn es sich nicht im Zustande des Nichtwollens erholen kann«.

Mit der Lobpreisung des Unwillkürlichen, die sich durch das Luther-Buch zieht; mit dem Gedanken, daß im Unbewußtsein, in der Unpersönlichkeit des Kindes ein göttlich-paradiesischer Zustand zu sehen sei, dem der Mensch sich allmählich entfremde; mit der Theorie des Universalen, in dem das Individuum sich verlieren muß, um ganz zu sich selber zu kommen – Verschmelzung von Allidee und Einzelidee im wahren Gottmenschen –: mit all dem bleibt Ricarda Huch dem Weltbild der Romantik treu. Die Zeitkritik, die sie vorträgt, berührt sich in manchem mit Stimmungen der Jahrhundertwende, mit Mißtrauensanträgen gegen die »Zivilisation« (im Gegensatz zur »Kultur«), mit Bekenntnissen zum Archaischen – und zum Germanischen, das sich in schaffendes, bewahrendes Dunkel birgt neben der verletzenden Helle romanischen Geistes. Doch wenn aktuelle Momente im Vorfeld und im Verlauf des Ersten Weltkrieges an den Gedanken der Schriftstellerin ihren Anteil hatten, so ergab sich doch nur ein loser Zusammenhang. Ihr Kulturpessimismus war älter und dauerhafter als die Augenblicksphilosophie der Propheten des Untergangs; er lag begründet in der Auffassung, daß der Triumph des Individualismus – die Lösung eben aus der unartikulierten, gottunmittelbaren Kraft des Allseins – in einem Verlust an Persönlichkeit enden, also zuletzt in das Gegenteil umschlagen müsse. Mit dieser Konzeption verbanden sich ihre Sympathie für das Irrationale, noch Ungeordnete im Leben der Völker – und eine leise Geringschätzung für die »politischen Nationen« des Westens.

Auch ihre Staatsidee war romantischen Ursprungs, in dem allgemeinen Sinn, daß sie die menschlichen Verhältnisse als wahre Grundlage allen Gemeinwesens, das Feudalsystem des Mittelalters als die ursprünglich gemäße politische Form Europas betrachtete. Europas und vor allem Deutschlands; denn mochten Aufmerksamkeit und Bewunderung einem vor-nationalen Zustand gelten, so zog doch das »Land der Mitte« beides in noch gesteigertem Maße auf sich. »Römisches Reich Deutscher Nation«: die Formel, die über ihrem Hauptwerk steht, nennt den Bereich ihrer unmittelbaren historisch-politischen Anteilnahme. »Reich der Beziehungen« war ihr Name für den großen, seltsamen Organismus, der bis zum Beginn ihres eigenen vergangenheitsfreundlichen Jahrhunderts gelebt hat.

In hohem Alter, als sie am Tag ihres 50jährigen Doktorjubiläums in Zürich sprach, bekannte Ricarda Huch, sie habe sich in ihrer Jugend »nicht für die Gegenwart, einzig für die Vergangenheit« interessiert. »Fast alle meine Altersgenossen in Deutschland«, sagte sie, »schwärmten für den alten Kaiser, für Bismarck, waren erschüttert durch den Tod des alten Kaisers, durch die Entlassung Bismarcks; an mir ist das alles unbeachtet vorübergegangen.« Und weiter: »Erst der Weltkrieg weckte mein Interesse für die Gegenwart, und seitdem hat es sich fortwährend gesteigert. Ich habe nun gefunden, daß man, wie man sagt, man könne die Gegenwart nicht verstehen, ohne die Vergangenheit zu kennen, auch sagen kann, ohne die Gegenwart zu kennen, könne man die Vergangenheit nicht verstehen.« In solchen Worten erscheint nun als Ziel des Verstehens das Leben, das Gegenwart und Vergangenheit einander vergleichbar, füreinander aufschlußreich macht. Die jugendliche Vorstellung, nur abgeschlossenes Geschehen, »die fertigen Dramen« taugten als Stoff der Erkenntnis und Kunst, ist der Einsicht gewichen, daß doch erst der Blick in nächstgelegene Verhältnisse, auf einzeln zutageliegende Bausteine der Gesellschaftswirklichkeit zum Sinngehalt früherer Zustände und Ereignisse führt. Solche Vergegenwärtigung entspringt aber nicht allein einem Denkprozeß; sie ist in der Grundanlage der Dichterin und Historikerin mitgegeben. Ganz natürlich erscheint es, daß sie die menschlichen Beziehungen, persönlichen Konstellationen, die sie aus dem eigenen Erlebnis in romanhafte Vorgänge transponierte, auch und immer mehr im Historischen suchte und wiederfand: daß die Typen, auf welche sie Dichtung wie Erfahrung hinzuordnen versuchte, ihr aufs neue aus den Fügungen der Weltgeschichte entgegentraten.

In den von Marie Baum herausgegebenen Erinnerungsbüchern »Leuchtende Spur« und »Briefe an die Freunde« fehlt es nicht an Hinweisen auf diesen Zusammenhang. Und wohl fast lückenlos könnte der Übergang vom Intimen zum Allgemeinen sich darstellen, wäre nicht auch hier, wie leider so oft, der klare Entscheid zwischen Veröffentlichung und Verheimlichung ausgeblieben. So nun wirkt das Autobiographische kulissenhaft, auch wo wir glauben müssen, daß es nicht nur die erdichtete, sondern noch die berichtete Welt durchwächst und gestalten hilft.

Ein indirektes, gleichsam vom anderen Ende zurückdeutendes Zeugnis liefern uns die rein betrachtenden Schriften: das 1914 erschienene Buch »Natur und Geist als die Wurzeln des Lebens und der Kunst«, die Studie über »Entpersönlichung« von 1921 und vor allem die »Urphänomene«, das letzte Werk, das noch zu Lebzeiten der Autorin, 1946, erschienen ist. Wenn man hier nicht philosophische Tiefe, spekulative Kraft zu verspüren meint, so sieht man nur um so deutlicher, wie die Sorgfalt des Umschreibens den Erscheinungen, immer denselben noch, gilt, die nun den ganzen Weg von subjektiver Betroffenheit zu künstlerischer und verstehender Aneignung und weiter zum objektivierten Bestand im religiösen Weltbild durchlaufen haben. »Urphänomene«: der Begriff ist von Goethe entlehnt, doch die Substanz, die Ricarda Huch in ihren letzten Kommentaren zu den Dingen des Lebens zusammenzieht, gehört ihr selbst und mit ihr der historisch-romantischen Bildungswelt an.

Die starke Verwurzelung in einer Tradition des Wissens, Denkens und Glaubens und die festhaltende Treue zur eigenen Erfahrung mögen uns erklären, was sonst wohl schwer zu begreifen wäre: den außerordentlichen Umfang dieses Œuvres. Bedenken wir, daß mit den schon genannten Büchern noch die Arbeiten über Garibaldi und das Risorgimento entstanden, die Monographien über den Grafen Confalonieri, Wallenstein, den Grafen Mark, den Freiherrn vom Stein, über »Michael Bakunin und die Anarchie«, die drei Bände über den Dreißigjährigen Krieg, das Werk über die Revolution von 1848, autobiographische Schriften, Romane, Erzählungen und Gedichte – und bedenken wir, daß all dies aus oft schwierigen, niemals reibungslosen Lebensumständen hervorging, so muß uns als doppelt wichtig erscheinen, daß sich Ricarda Huch im Umgang mit ihren Stoffen sicher fühlte, sicher dank einer früh erworbenen, kaum mehr gewandelten Anschauung der geschichtlichen Welt. Sie hat ihrem Bericht von europäischen Schicksalen einen gleichbleibenden Ton gegeben, dem doch seine Frische bewahrt blieb durch ein schönes, impulsives Beteiligtsein. Und ihre innerste Kraft hat erwirkt, daß im Lauf der Jahrzehnte ihre Solidarität – nicht mit der Zeit, aber mit den Menschen wuchs. Ein Erinnerungsbuch für die Widerstandskämpfer im Dritten Reich war ihr letzter Plan – und war ein Bekenntnis zu dem Gesetz, das Hofmannsthal in den Versen nennt:

> Viele Geschicke weben neben dem meinen,
> Durcheinander spielt sie alle das Dasein,
> Und mein Teil ist mehr als dieses Lebens
> Schlanke Flamme oder schmale Leier.

Im Krisenfeld zwischen den Kriegen

Ortega y Gasset

Wir sind noch weit davon entfernt, im vollen Umfang zu ermessen, was die zwanziger Jahre für unser Menschen- und Weltbild gebracht – man kann vielleicht auch sagen: was sie ihm genommen haben. Und doch verhält es sich wirklich nicht so, daß die damals neue Musik oder Kunst oder Literatur, oder daß im besondern die Baukunst, oder im besondern die Essayistik jener Zeit zu wenig beachtet würde. Und was die politisch-gesellschaftlichen Optionen zwischen den beiden Staatsstreichen in Rußland (1917) und Deutschland (1933) betrifft, so haben Forschung und Deutung sie gewiß nicht vernachlässigt.

Ebensowenig ist – im großen und ganzen – vergessen worden, mit welcher Intensität man im Nachkriegs-Europa über die eigene Lage und geistige Verfassung und mutmaßliche Zukunft nachgedacht hat. Namen wie Rathenau und Ernst Jünger, Julien Benda und José Ortega y Gasset sind zwar nicht jedermann gleich geläufig; aber der Intellektuelle, der von »La trahison des clercs« (1927) nichts mehr weiß, müßte wenigstens ahnen, warum; und wenn »Der Arbeiter« (1931) nicht mehr gelesen wird, überlebt doch auch da ein Gefühl dafür, was mit diesem Entwurf eines neuen Menschenwesens gemeint war.

Und »Der Aufstand der Massen«? Vergessen hat man auch diesen Titel aus dem Jahr 1930 nicht ganz. Er teilt aber mit den zwei eben genannten das Ungemach, nicht immerfort nach dem Sinn des Verfassers und seines Textes verstanden zu werden. So wenig wie Jünger vom Industriearbeiter gehandelt hat, so wenig wie der »Verrat« der Dichter und Denker für Benda ein »Rückzug in den Elfenbeinturm« war (er hat ihnen vielmehr den Auszug aus ihrem Arbeits-Raum vorgeworfen), so wenig ist bei Ortega die bloße Menge oder etwa das »Proletariat« als Träger eines Aufstands, einer »rebelión« in unmittelbar politischem oder sozialrevolutionärem Zusammenhang dargestellt.

An solchen Mißverständnissen arbeitet aber nicht immer nur »die Zeit«. Gerade Ortega hat einiges dazu beigetragen, daß man seine Analyse zum mindesten unvollständig im Gedächtnis behielt. Er war ein Meister der griffigen, eingängigen Formulierung, er konnte Probleme so klar benennen, so anschaulich erläutern, daß er bisweilen in den Verdacht der Oberflächlichkeit geriet.

So redet er gleich zu Beginn seines Essays von »Überfüllung«, was man kaum anders als quantitativ verstehen kann. Und nachdem er sehr einprägsam von dem Gedränge gesprochen hat, das in Eisenbahnen, Theatern und Restaurants seit neuestem herrsche, fällt es ihm nicht mehr ganz leicht, dem Leser begreiflich zu machen (oder dem Leser, zu begreifen), daß die geschilderte Massenhaftigkeit eine qualitative Erscheinung ist. Der Durchschnittsmensch wird zum Herrn, und dieser Vorgang schafft eine Krise; denn »die Gesellschaft ist, ob sie will oder nicht, aristokratisch ... sie hört auf, Gesellschaft zu sein, in dem Maße, in dem sie diesen Charakter verliert«.

Aristokratisch: womit nicht etwa ein Adelsregiment und schon gar nicht die Herrschaft einer »classe politica«, einer Nomenklatura gemeint ist – gerade in solchen Führungsschichten verkörpert sich »Masse«. Gemeint ist vielmehr die liberale Demokratie des 19. Jahrhunderts: in welcher das Volk souverän war; und es »wußte, daß es souverän war, aber es glaubte nicht daran«. Jetzt dagegen ist »die Souveränität des unqualifizierten Individuums ... als wesentlicher Inhalt in das Bewußtsein des Durchschnittsmenschen eingegangen«. Das Ideal der Freiheit eines jeden ist zu einem selbstverständlichen Zustand geworden, und auf ihn reagiert der Massenmensch mit »ungehemmter Ausdehnung seiner Lebenswünsche und so auch seiner Person« und mit »grundsätzlicher Undankbarkeit gegen alles, was sein reibungsloses Dasein ermöglicht hat«.

»Nach seinem Sinne leben ist gemein; / der Edle strebt nach Ordnung und Gesetz.« Die Masse hat, was sie braucht, und betrachtet die Organisation, die ihr Leben von jedem Druck freihält, als naturgegeben. Sie gleicht dem »zufriedenen jungen Herrn«, dem verwöhnten Rentier – während die produktive Person »in Dienstbarkeit lebt«. Darum nennt Ortega (und hätte das besser gleich gesagt) »die Menschenart, mit der wir es hier zu tun haben, ›Masse‹; nicht weil sie zahlreich, sondern weil sie träge ist«.

Gelegentlich verfertigt er die Gedanken während des Schreibens. Er legt Wert darauf, im wissenschaftlichen Spezialisten den Durchschnitts- und Massenmenschen besonders greifbar verkörpert zu finden. »Festigkeit, Exaktheit der Methoden« gestatte ihm die »Zerstückelung des Stoffes«, dank deren er außerhalb seines engen Bereiches als Ignorant, aber mit der Anmaßung eines Wissenden auftrete. Nun freilich; aber nimmt Ortega hier nicht selber »Festigkeit, Exaktheit der Methoden« als naturgegeben, ist er nicht undankbar gegenüber einer Leistung, die man ja auch nicht einfach als Gründertat auf das liberale 19. Jahrhundert zurückdatieren kann? Das Verhältnis zwischen Technik und Wissenschaft, das er nicht klar definiert, besteht es nicht darin, daß der moderne Barbar, der das technische Instrumentarium gedankenlos nutzt, doch selber an seiner wissenschaftlichen Weiterentwicklung arbeitet?

Die Schwächen und Lücken der Untersuchung sind leicht zu erkennen. Zwischen Staat und Nation unterscheidet ihr Verfasser so wenig, daß man auf eine unverkennbare Ähnlichkeit zwischen Geschichtsbildern Spaniens und der Schweiz kommt. Die Zukunft Europas – und der Europäer, die nun in solchem Zusammenhang gar nicht spezifisch als Masse erscheinen – sieht er, oder wünscht sie sich, in »Vereinigten Staaten«; ohne jedoch der Wirtschaft und ihren Impulsen für internationale Verknüpfungen auch nur ein Wort zu gönnen (der Bewunderer Rathenaus). Und ausdrücklich läßt er »alle Gruppen beiseite, die Überbleibsel aus der Vergangenheit sind – Christen, ›Idealisten‹, die alten Liberalen usw.« Manchmal ist er halt sehr geschwind.

Aber er hat die Zeichen der Zeit gesehen und zu einem respektablen Teil begriffen. Über den Faschismus ist im »Aufstand der Massen« nicht das Letzte gesagt, aber doch recht viel Erstes, das man sich mit Gewinn hätte merken können, ob nun der Autor als Philosoph gelten oder ob man ihn einen Journalisten schelten durfte, wie Heidegger später getan hat. Systemfrei, bald einleuchtend bis zur Trivialität, bald auch sorglos widersprüchlich, bald etwas eitel in seinen Aperçus, die doch nicht immer zur Sache gehören, wirkt der Text merkwürdig jung. Auch Unbefangenheit kann sich auszahlen; ihre gar nicht so häufigen literarischen Zeugnisse soll man in Ehren halten.

Politik zwischen Moral und Ästhetik

Heinrich Mann

Das Buch, in dem Heinrich Mann eine freie Form der Autobiographie mit einer politischen Analyse der von ihm erlebten Jahrzehnte verbindet: »Ein Zeitalter wird besichtigt«, 1943 / 1944 im amerikanischen Exil geschrieben, 1946 in Stockholm erschienen, ist 1974 wieder herausgebracht worden.

»Zwischen 1918 und 1925, als mich ein Roman beschäftigte, geschah dies und jenes.« Charakteristischer Anfang eines Kapitels: er läßt die oft spröde, nicht selten schroffe Diktion dieses Werks erkennen; dann ein Verhältnis des Autors zur eigenen Person, worin sich ein trotzig-empfindliches Selbstbewußtsein mit radikaler Bescheidenheit – nicht recht verbindet; dann die Bereitschaft zum polemischen Ausfall: »dies und jenes«, was kann das wohl Gutes sein? »Aus Deutschland wurde eine Republik. Die erste Sorge der Republik war ein innerer Krieg; er endete mit dem Sieg der Inflation. Die Inflation war künstlich veranstaltet worden, ohne daß der kaiserliche Reichsbankpräsident Havenstein sie auch nur begriff; er starb am Schrecken.«

Die Republik, in der man am Schrecken starb (und der es selbst nicht besser ging), »ist sich seit ihres Bestehens bewußt geblieben, daß sie Verachtung verdiente«. Heinrich Mann bedient sich so scharfer sprachlicher Mittel, um diese Verachtung zu formulieren, daß man sich gedrängt fühlen könnte, ein gutes Wort einzulegen. Zumal er von diesem Staatswesen spricht wie von einer Person: die ihre Umwelt und sich betrog, »getrieben von einem mehr oder weniger unschuldigen Sadismus und einer kopflosen Folgerichtigkeit, wenn es keine berechnete war«. Solche Personifizierung bringt es übrigens mit sich, daß von den Verantwortlichen nur eine illustrative Auswahl erwähnt werden muß; der Name, zum Beispiel, Rathenaus kommt nicht vor.

Und merkwürdig gegenläufig mutet es an, daß die Einzelnen oft sehr wenig personhaft erscheinen. Hitlers Treiben sogar »war Bestimmung, die Traurigkeit der Dinge wollte es.«

Die Traurigkeit der Dinge. Nicht ein »tragisches Geschichtsbild« ist damit angedeutet, sondern ein Geflecht aus Bosheit und Dummheit ist gemeint, das der Autor vor allem in den wirtschaftlichen Strukturen der Weimarer Zeit – direkte Fortsetzung imperialer, Vorbereitung nationalsozialistischer Zustände – sieht. Die Traurigkeit dieser »Dinge« wird kaum eigentlich nachgewiesen und dargelegt; eher als ohnehin evident behandelt und mit dem einen oder anderen Schlaglicht versehen. Ein »Man weiß ja« schwingt mit: es gab gegen Ende des Kriegs für den Schriftsteller weniger Fragen als später für eine Historikergeneration; wo er dennoch eine stellt, verschmäht er es gern, das Fragezeichen zu setzen.

»Strategie, hohe Diplomatie, wer immer mit ihnen befaßt ist, weiß: er bearbeitet kein literarisches Gebiet.« Charakteristisch auch das: Heinrich Mann gibt mit apodiktischem Nachdruck eine Auffassung wieder, die er für gewissenlos, bestenfalls ahnungslos hält. Wer so rede, meint er, verschließe sich dem Menschlichen, könne und wolle nicht »unterscheiden, was mit den Leuten vorgeht«. Die Geschichte sei kein Roman? »Für mich ist sie gerade das, ein Roman«; ihre Darstellung »recht eigentlich eine ästhetische Aufgabe«. Und ästhetisch heißt hier: die Phantasie auf die inneren Vorgänge richtend, auf wahre Verhältnisse, wirkliche Schuld, auf den moralischen Gehalt des Geschehens. »Dieses Zeitalter ist eines der durchschautesten, nur daß die meisten es sich nicht sehr zu Herzen nehmen.« Im Pathos des Betroffenseins vereinigen sich Moral und Ästhetik; wodurch aber – wie man doch feststellen muß – die Politik nicht »durchschauter« wird.

Nicht die sowjetische Machtpolitik, die hinter schönen Schleiern eines idealisierten Sozialismus verschwindet. Nicht die spezifischen Grundlagen der einzelnen alliierten Staaten, deren Führer im Krieg – Roosevelt, Churchill, Stalin – »Intellektuelle« sein sollen: ein Wort ohne Sinn, wenn es auf diese drei passen muß. Von den politisch-gesellschaftlichen Bedingungen des einzigen Landes, das Mann bei der Abfassung seines Buchs vor Augen hatte, – von Amerika wollte er gar nichts wissen. Churchill bewunderte er, mit Recht. Auch Bismarck verehrte er, nennt ihn den »einzigen Staatsmann, den die Deutschen gehabt haben«. Die liebsten Helden sind ihm die »revolutionären Arbeiter« Deutschlands, mit denen er von Paris aus Verbindung hat, vor dem Krieg. Aber im Krieg dann: »Ich will nicht, daß die Soldaten dieselben deutschen Arbeiter gewesen sein sollen – ließen mir doch einst Briefe voll menschlicher Vorzüglichkeit schreiben.« Dieses »Ich will nicht« gilt vielem, das so nicht sein dürfte – weil es nicht einmal die grimmige Befriedigung des Durchschauers weckt.

In diesem Erinnerungswerk voller Bitterkeit sind es zuletzt ein paar helle Passagen, die nicht nur für sich, sondern ausstrahlend auch für das Ganze sprechen. »Kein Zeitalter berechtigt, nur zu klagen oder zu fluchen, so wenig dieses wie andere.« Man erfährt von Begegnung mit einigen Menschen, von glücklicher Arbeit, von treuer, mitunter rührender Anhänglichkeit an französische Geistesart, oder an Meister Puccini. Wobei dem Genießer, der hier zum Vorschein kommt, eine Stelle in »Tosca« noch »stärker« erscheint, »seitdem das Teatro lirico von Bomben bedroht ist, hungernde Unglückliche daran hinschleichen und in den Schatten, die einst selig waren, der Durst nach Blut sich sättigen muß«... Auch der Zeitstil hat seinen Tribut gefordert von Heinrich Mann; den größeren aber das Widerspiel zwischen Zeit und Person, wie er es an Maurice Sarraut (und zugleich an sich selber?) beobachtet: »ein Co-Operationist? Das wird am wenigsten aus Männern der altbürgerlichen Mitte, die nicht anders können, als sich jakobinisch betonen bis in den nationalen Zusammenbruch.«

Literarische Einblicke

Marcel Proust

Durchbruch zur Perspektive

Der Erzähler in dem Romanwerk *»A la recherche du temps perdu«* trägt, wie der Leser gelegentlich und beiläufig erfährt, den Vornamen des Verfassers, Marcel; sein Familienname kommt nicht vor. Das ältere Romanfragment führt im Titel den vollen Namen der Hauptgestalt auf, von dem in der dritten Person erzählt wird. Trotzdem ist die Distanz Marcel Prousts von Jean Santeuil geringer als die zwischen wirklichem und fiktivem Autor der »Recherche«.

Das wird auf verschiedenen Ebenen deutlich. *Erinnerung*, Autobiographisches ist in den *»Jean Santeuil«* noch direkter verarbeitet als in das zweite, das Hauptwerk. Jeans Auseinandersetzungen mit seinen Eltern verraten die Herkunft aus Episoden im Hause Proust. Die Schulerlebnisse – später fallengelassen –, die frühen Freundschaften, Liebschaften sind stilisiert, aber nicht transponiert in dem Sinn, daß sie eine neue, künstlerische Einheit bildeten: was sie zusammenhält, ist nur die Gemeinsamkeit persönlicher Reminiszenzen.

Freilich hat Proust schon im ersten Anlauf einige Änderungen an der Realität vorgenommen, bei denen es dann geblieben ist. Der Vater, in »Jean Santeuil« wie auch in der »Recherche«, ist nicht Arzt wie Professor Adrien Proust, sondern hoher Regierungsbeamter. (Über die Tätigkeit, über den Charakter und vor allem über die vorbildlich harmonische Ehe des alten Santeuil wird sehr viel mehr berichtet als zur Person von Marcels Vater, den die »Kunst des Weglassens« zu einer wunderbar sparsamen Skizze gemacht hat.) Eine bedeutsamere »Korrektur« der Wirklichkeit: Prousts jüngerer Bruder wird aus der Romanszene von Anfang an ferngehalten; Jean hat, wie Marcel, die Mutter für sich allein. Und daß der Knabe einzig durch ihren – sei es ertrotzten, erschlichenen – Gutenachtkuß vor den Ängsten der Finsternis bewahrt werden kann, dieses Ausgangsthema, diese primäre Erinnerung hat sich von der ersten zur zweiten Version erhalten.

Aber nicht nur die Erinnerung, auch die *Erfindung* rückt die Titelfigur des Jean Santeuil noch wenig, zu wenig von ihrem Autor ab. Als eine Mischung von Selbstverständlichkeit und Zufall erscheint in der »Recherche« die Aufnahme des bürgerlichen Marcel in die hochadlige Gesellschaft des Faubourg St-Germain. Der gleiche Vorgang wird im »Jean Santeuil« sorgfältig begründet, mit dem Ergebnis, daß ein Moment der Berechnung, des »social climbing« sich einstellt: mitsamt den zugehörigen Anklängen an Stendhal und Flaubert. Jeans gesellschaftlicher Erfolg kann sich noch, wie bei andern Romanhelden, aus seinen persönlichen Vorzügen erklären; wir hören mehrmals, daß er sehr schön ist. Dieses Motiv muß bei Marcel entfallen; das »ich« des Erzählers verlangt Diskretion.

Auch etwa: daß eine Verleumdung das Ansehen Jeans in Gefahr bringt, den jungen Salonlöwen mit Verfemung bedroht – daß er aber dank der loyalen Freundschaft gerade der ranghöchsten Glieder der Société auf das glanzvollste rehabilitiert wird: dieser und ähnliche (zu viele, zu ähnliche) Vorfälle haften an einer Selbstdarstellung, die trotz der grammatikalischen dritten Person und trotz dem Stilelement einer umständlichen Rahmenerzählung, vielleicht sogar wegen dieser bloß äußeren Formen der Distanznahme, als solche erkennbar bleibt und der jugendlichen Sehnsucht ihres Verfassers nach einer mondänen Glanzrolle allzu unmittelbar Ausdruck verleiht.

Von allen Episoden des »Jean Santeuil« wiederholt sich nur eine einzige ganz genau in der »Recherche«. Jean hat eines Abends seine Geliebte mit dem Gefühl verlassen, sie erwarte noch einen Besuch, den sie ihm verheimliche. Von Eifersucht gequält, kommt er nach einer Weile zurück und findet seinen Verdacht bestätigt: Françoise, die sich doch hatte schlafen legen wollen, ist auf; in einem Zimmer zu ebener Erde brennt Licht. Jean nähert sich, er hört Stimmen, er klopft an die Scheibe. Zwei alte Herren treten ans Fenster – er hat sich geirrt; nebenan, bei Françoise, ist alles dunkel.

Erinnerung – Erfindung. Die Folter der Ungewißheit, des Zweifels an der Treue der Geliebten, des Freundes: dieses zweite Hauptthema beider Romane hat wie das erste, das Warten auf die Mutter, seinen autobiographischen Hintergrund; aber es löst sich von ihm, es fächert sich auf; es tritt hervor und hinaus in die *Perspektive.* Die Schlüsselepisode wird variiert, über Seiten und Bände hin: denn der Zweifel ist vielgestaltig und unstillbar, die Fragen finden keine Antworten und die Antworten keinen Glauben – solange man nach den Antworten fragt und solange man antwortet, um Glauben zu finden. Ein weiter Weg für Beobachtung und Erzählung, und nicht ein Weg der Selbstdarstellung allein. Nicht der Erzähler klopft in der »Recherche« ans Fenster, wie er meint, der Geliebten; sondern Charles Swann.

Mit Recht ist gesagt worden, daß zwischen »Jean Santeuil« und »A la recherche du temps perdu« die Entwicklung eines tieferen und volleren Zeitbegriffs liegt. Mit Recht ist gesagt worden, daß im Gedanken der Wiedergewinnung entglittener Konstellationen, der Wiedererweckung einer nicht bloß »vertanen« und nicht nur vergessenen, sondern einer toten (un-erlebten) Zeit das Gestaltungsprinzip des zweiten Romans liegt. Doch das Prinzip ist noch nicht die Gestaltung, und die »Philosophie« der »Recherche« erklärt vielleicht, *daß*, aber keineswegs *wie* Proust von einer »Autobiographie romancée« zu einer in jeder Hinsicht ganz anders dimensionierten Neuschöpfung gekommen ist.

Die Françoise-Kapitel im »Jean Santeuil« sind ein Versuch, aus eigener Erfahrung die Verhaltensmuster abzuleiten, die für eine Grundsituation gelten sollen. Andere Teile des Fragments haben noch deutlicher diesen Studiencharakter: Gesetzmäßigkeiten des gesellschaftlichen, auch des politischen Lebens (Konkurrenzverhältnisse, Freund-Feind-Mechanismen, Loyalität und Verrat) werden analysiert – am schärfsten und überzeugendsten dort, wo die Skizze von belletristischer Ausmalung frei bleibt. Zwischen Jean und Françoise entstehen die Konflikte, von denen Proust annimmt, daß sie jede Liebesbeziehung bedrohen.

In der »Recherche« erscheinen diese Konflikte von neuem: die gleichen Motive, erweitert und abgewandelt – aber verteilt. Erst in seinem Zusammensein mit Albertine wird der Erzähler durch seine eifersüchtige Wißbegier dazu getrieben, die Geliebte einem Verhör zu unterziehen, wie auch Jean es mit Françoise anstellt. Zuvor hat schon Swann jene Qualen eines nie ganz entkräfteten, nie voll bestätigten Verdachts – gegen Odette – erfahren, und Marcel weiß von dieser früheren Geschichte: Nicht mehr die Allgemeingültigkeit kluger Beobachtung, sondern die sichtbare *Wiederkehr* der Erscheinung ist konstitutiv für das erzählte Geschehen.

Wiederkehr »in der Zeit«, gewiß. Aber sollte man, eben weil nun vom ausgeführten Gemälde die Rede ist, nicht eher sagen: im Raum? Denn für die dichterische Gestaltung, für den Roman ist die Zeit nichts anderes als der Raum zwischen den Figuren; und wenn Marcel zuletzt »die Zeit wiederfindet«, so bedeutet dies *in concreto*, daß er zum erstenmal *die Distanzen erkennt*, daß die Perspektiven ihm aufgehen: in der Landschaft, die er früher nicht überblickt, und in den menschlichen Verhältnissen, die er einander nicht richtig zugeordnet hatte.

Und das bedeutet zugleich das Ende der Selbstdarstellung. Aus dem »Helden«, von dem der Autor vergeblich Abstand zu nehmen sucht, wird der Erzähler: Mit seinem Gang durch eine Figurenwelt, die ihm wechselnde Standorte zuweist, in die er sich verstrickt und aus der er sich wieder löst, eröffnet Marcel für Proust den Zeit-Raum, auf den es ankommt; denn wer in ihn, in seine Konjunktionen das Erfahrene und Widerfahrene hineinstellen kann, macht sich frei.

Swann studiert Vermeer

Der hartnäckige Proust-Leser muß eines Tages an der Frage hängenbleiben, was Charles Swann in den einsamen Stunden, die er dem Studium Vermeers widmete, eigentlich tat und zustande brachte. Ein Spielverderber hat es mit der Antwort freilich leicht. Sie lautet: Nichts. Denn eine Romanfigur leistet nur dann etwas, wenn der Autor sie vor den Augen des Lesers dazu anhält; sobald die Erzählung sich von ihr abwendet, versinkt sie in Untätigkeit, verharrt sie günstigenfalls in einer Pose, die ungefähr nach einer Beschäftigung aussehen kann, aber keine ist; und überdies hat sich Proust gehütet, hinterher ein Ergebnis zu nennen – zu behaupten. Die Stunden, die Swann auf Vermeer verwendet hat, bleiben leer.

Mit einer so hausbackenen Antwort muß sich ein treuer Liebhaber der »Recherche du temps perdu« nicht begnügen. Er hat fürs erste bemerkt, daß Swann seine Arbeit nach Jahren wieder aufnimmt (denn alles ist in der Zeit schon begonnen und kommt auf sich selber zurück) –, aber in welchem Moment? Da er seine schmerzenreiche Liaison mit Odette de Crécy eingeht. Allerdings ist der Zusammenhang dunkel. Tatsächlich schützt Swann seine gelehrte Beschäftigung anfangs nur vor, um nicht bei Odette zum Tee erscheinen zu müssen (die Ahnung künftiger Qualen erhält ihm die Schüchternheit noch). Doch er nimmt sich gleich darauf selber beim Wort; sei es, daß die Konzentration ihm willkommen ist, die seine Gedanken von Odette ablenkt; sei es, daß er ein Gegengewicht zu seinem Attachement sucht. Denn jedenfalls ist nichts an Odette selber, das ihn auf Vermeer hinführen – zurückführen – könnte. Weder hat sie eine Ahnung von dem Maler: sie will wissen, ob er noch lebt und ob eine Frau seine Kunst inspiriert habe... Noch kann sie selber Swann an die

Gestalten Vermeers erinnert haben: Die Reproduktion, die er »wie eine Photographie Odettes« auf den Schreibtisch stellt, zeigt Zephora, die Jethro-Tochter, wie Botticelli sie in der Sixtina gemalt hat, ein liebliches, etwas schlaffes Antlitz, das nichts mit den blühenden Delfter Gesichtern gemeinsam hat.

Was Odette an Swanns Liebhaberei als einziges errät, ist ein unfreiwilliger Fund. Sie schwärmt von den Abenteuern der Forschung so, wie eine elegante Frau ihr Vergnügen zur Schau trägt, »de se livrer sans crainte de se salir à une besogne malpropre«. Damit trifft sie, ohne daß er oder sie es merkten, seinen Snobismus. Über Vermeer arbeiten, das hieß zu Swanns Zeiten nicht, wie man heute wohl meinen könnte, sich ausgerechnet an einem der bekanntesten und anerkanntesten Meister versuchen. So lange war es damals nicht her, daß Thoré den lange vergessenen Maler wieder zu Ehren gebracht hatte; so lange jedenfalls nicht, daß für Proust das Motiv der Rückkehr aus der Tiefe der Zeit nicht auch mit dem Namen gerade dieses Künstlers gegeben sein konnte. In freiester Variation wäre Swann demnach dem Ratschlag Thackerays für den Kunst-Snob gefolgt: Zu Beginn der Saison geh durchs Museum, merk dir ein kleines Bild, das in einer entlegenen Ecke hängt, preis es an zwei, drei Empfängen als heimliches Meisterwerk, und man wird über deine Kennerschaft staunen. Freilich, Vermeer war nun retabliert, allein sein knappes und dazu verstreutes Œuvre kam dem Publikum gegen Ende des 19. Jahrhunderts nur langsam vor Augen. Von Proust selber wissen wir, daß er zwei Bilder Vermeers, und kaum mehr als diese, im Original gesehen hat. Nämlich die Ansicht von Delft, die ihm zweimal begegnet ist, in Den Haag, 1902, und 1921 im Jeu de Paume, wo sie zusammen mit dem Kopf eines jungen Mädchens ausgestellt war.

Es scheint, daß der Mädchenkopf auf Proust keinen großen Eindruck gemacht hat; und man wird auch nicht annehmen, daß Swann sich – im Angesicht der Jethro-Tochter – mit einem solchen Sujet beschäftigt hat (so einfach arbeitet die Kompensation nicht). Aber von der »Vue de Delft« hat Proust erklärt, sie sei »das schönste Bild der Welt«. Und es ist nicht nur kein Zufall, daß dieses Werk in der »Recherche« mehrmals vorkommt; es ist auch und erst recht kein Zufall, daß sich an ihm der Snobismus entscheidet und letztlich aufhebt. Nach zwei Seiten hin: Da Marcel den Herzog von Guermantes fragt, ob er das Bild gesehen habe, erhält er zur Antwort: »Si c'est à voir, je l'ai vu«; da man alle Museen besucht und also auch vor den Gemälden gestanden hat, an die man sich nicht mehr erinnert. (Die Frage bleibt offen, ob hier nur die komische Wirkung beabsichtigt ist oder auf einen Bezug zwischen Präsenz und Vergessen angespielt wird.) Viel mehr Gewicht hat dann die Begegnung des Dichters Bergotte mit demselben Bild. Flüchtig gemahnt sie noch einmal an Thackerays Weisung. Denn sie gilt zwar einem bekannten Werk, aber bloß auf eine unscheinbare Stelle kommt es Bergotte an, auf ein kleines Stück sonnenbeschienene Mauer. Zu fragen wäre nur, wie ernst es dem Betrachter mit diesem »petit pan de mur jaune« ist. Für Bergotte wird das Detail zum Sammelpunkt seines Lebens und seiner Kunst, da er sich todkrank durch die Ausstellung im Jeu de Paume schleppt – Prousts Situation, anderthalb Jahre vor seinem eigenen Tod. Analog der unaufhörlich wiederkehrenden »petite phrase« aus der Vinteuil-Sonate wird dieser Bildausschnitt zu einer Chiffre der Verwirklichung und der Erlösung.

Nur wissen wir nun doch noch nicht, was Swann bei Vermeer gesucht oder untersucht hat. Waren es Fragen der Komposition, der Farbgebung, die ihn beschäftigten? Standen ihm genug Reproduktionen zur Verfügung, daß er Motive vergleichen konnte? Hing er dem zweiten und dritten »Bildsinn« (allegoricus, mysticus) nach oder der geistesgeschichtlichen Anekdotik – nahm er Sedlmayr oder Badt vorweg? Er war ein Ästhet mit stark antiquarischem Einschlag, kein Zweifel. Er hatte ein Auge für Stilmerkmale im Intérieur, auch im gemalten. Daß Vermeer eine scheinbar einfache Situation wie das Gegenüber von Künstler und Modell durch die altertümliche Tracht des Malers »verfremdet« (Swann hätte den Ausdruck kaum schon gebraucht), wäre auch ihm nicht entgangen. Die Bedeutsamkeit einer Landkarte, auf der sich von Bild zu Bild das Staatenverhältnis verschiebt, hätte er schwerlich geleugnet – war es ein solches, war es gerade dieses Problem, das ihn behexte?

Er konnte so über kurz oder lang dem zentralen Thema nicht

ausweichen, das ohnehin *sein* Thema war und das aller Proustschen Gestalten. Geht nicht von ihm die Faszination durch die Gegenwart des Vergangenen auf den Erzähler über – der die Stadt nach Kostümen aus abgelebter Zeit zu durchstöbern beginnt, um die Geliebte damit zu drapieren, Albertine, die Gefangene *seines* Intérieurs? Swann nahm sich Zeit, die Gegenstände aufzufassen, die den Blick so still und sicher durch die Perspektiven Vermeers leiten: Vorhang, Tisch und Maske, Staffelei und Leuchter... Wenn der Blick ans Ziel gelangt war, was sah er dann?

Die Geschichte. Klio mit dem Buch und der Posaune, mit dem Lorbeerkranz im Haar, die Augen niedergeschlagen: nicht meditierend, wie gesagt worden ist, oder betroffen von einem Wort, wie auch gesagt worden ist, sondern vom Raum weg zur Zeit gewendet.

Denn die reine Begrenzung des Intérieurs läßt keinen andern Ausweg. Nur die »Suche nach der verlorenen Zeit« kann die festgebannten Gestalten aus Zauber und Zwang der Gegenwart lösen. Wer hätte das besser gewußt als Swann, von wem der Erzähler es lernen können, wenn nicht von ihm? Der entscheidende Augenblick der »Recherche« – das erneuerte Gefühl eines Stufenrands unter dem Fuß, der wiederentdeckte Geschmack der »Madeleine«, die man in Tee getaucht hat: es ist der Augenblick der Befreiung aus dem Raum in die Zeit. Das Leben einer Welt entfaltet sich in der Erzählung – ein drapiertes Mädchen wandelt sich zum Inbild der Geschichte.

T. S. Eliot

Das Geschichtliche in den »Four Quartets«

Das erste der vier Gedichte beginnt mit einer zunächst wenig hergebenden Aussage: daß gegenwärtige und vergangene Zeit vielleicht in der zukünftigen gegenwärtig seien, diese aber in der vergangenen enthalten. Eine Verschränkung, in der jedenfalls ein geläufiger Zeitbegriff aufgehoben werden soll, ohne daß eine neue Ordnung sogleich ersichtlich würde. Wenn alle Zeit, so heißt es weiter, immerfort gegenwärtig sei, so könne sie auch nicht zurückgenommen werden. Und schließlich: das, was hätte sein können (als fortwährende Möglichkeit, beschränkt auf den Bereich der Grübelei), und das, was gewesen sei, wiesen auf ein Ende, das stets gegenwärtig sei.

Diese in wenige Verse zusammengedrängte Exposition, geeignet, ein Gedankenspiel von vielleicht wenig verpflichtenden Prätentionen vermuten zu lassen (wiewohl sie sich auf zwei Heraklit-Fragmente beruft), findet ihre Durchführung und auch zunehmende Erhellung im Verlauf der vier Gedichte, in denen das Thema sich allmählich zu verbreitern und in leichten Variationen seine Bedeutung zu enthüllen scheint.

Vom Ende des ersten Gedichtes her fällt schon einiges Licht auf die schwer erfaßbaren (weil in überaus allgemeiner Formulierung gehaltenen) Anfangszeilen. Es wird hier von einem Muster (*pattern,* ein von Eliot häufig gebrauchtes Wort) gesprochen, durch welches Musik oder Worte aus ihrer Bedeutung heraus in die Stille hinein und in ihr weiter redeten, damit auch den Lebensraum verließen (denn »das, was bloß lebt, kann auch bloß sterben«), die Zeit also, im Sinne des sich abspielenden Lebens – und so eine Welt erschlössen, in welcher eine *co-existence* herrsche, das Ende dem Anfang vorangehe: Ende und Anfang immer vor dem Anfang und nach dem Ende seien.

Es handelt sich also offenbar um den Abstieg in eine dem Alltag nicht angehörige Welt *(Descend lower, descend only / Into the world of perpetual solitude),* in einen Zustand von *disaffection,* in der die Zeit nach ihrer Vergangenheits- und Zukunftsrichtung in einem »Dämmerlicht« erscheint: weder Helligkeit, die den Gestalten Leben, noch Dunkelheit, die der Seele Reinigung und Ruhe brächte. »Weder Fülle noch Leere.«

Dieser Zustand wird nicht als Lebensform empfohlen, sondern als das Andere dem menschlichen Geschick gegenübergestellt. »Dennoch schützt die Verkettung von Gegenwart und Zukunft, eingewoben in die Schwäche des sich wandelnden Leibes, die Menschheit vor Himmel und Verdammnis, die das Fleisch nicht ertragen kann.« Nur in vereinzelter Steigerung kommt die »Erhebung« (Eliot braucht hier das deutsche Wort) zustande, ohne Bewegung, Konzentration ohne Begrenzung, »am ruhenden Punkt der sich drehenden Welt«, in einem Stand, der nicht des Fleisches und nicht außer ihm ist, ohne Woher und Wohin; was hier vorgeht, »weder in Ruhe noch in Bewegung«, nennt Eliot den »Tanz« – ein im weiteren nochmals auftauchender Begriff.

Die Stelle, an der die Welt der herkömmlichen Zeitvorstellung ihre Fragwürdigkeit erkennen läßt und an der sich ein Zugang zum Anderen andeutet, ist die Erinnerung: symbolisiert als Rosengarten, in welchem der Mensch dem, was war (oder hätte sein können: *for the leaves were full of children, / Hidden excitedly, containing laughter*), begegnet, ohne es in der Erkenntnis weit zu bringen: »das Menschengeschlecht erträgt nicht viel Realität« – übrigens ein Zitat aus *»Murder in the Cathedral«.* Was war und was hätte sein können, deuten auf ein Ende, das immer gegenwärtig ist. – Von dieser Position aus wird aber auch die Zukunft in Zweifel gezogen; eine Stelle aus der zweiten Szene des ersten Akts der *»Cocktail-Party«,* ein Ausspruch Celia Coplestones, kann hier ergänzen: »Ich hatte die Zukunft verlassen, bevor wir begannen (nämlich eine Liebesbeziehung, die sich später freilich als unechte Lösung erwies), und danach lebte ich in einer Gegenwart, in welcher die Zeit keine Bedeutung mehr hatte.« Der Weg zur Vertiefung des Lebens führt aus der »Zeit«, dem Vergangenheits- und Zukunftsbezug, heraus.

»In meinem Anfang ist mein Ende«, sagt das zweite Gedicht; die »Zeiten«, in denen sich ein Lebensrhythmus vollzieht, fallen zusammen in einem Geschehen ohne Dimension, einem »Tanz« wiederum, auf offenem Felde, d. h. unbegrenzt und richtungslos. »Füße, die sich heben und senken. Essen und trinken. *Dung and death.*« Ebenso wie der Ort in der Zeit wird der Standpunkt im Raum bedeutungslos. »Ich bin hier oder anderswo. *In my beginning.*« – Die Analogien der Erfahrung verlieren ihre Gültigkeit. Das Schema *(pattern)*, das vom Wissen geschaffen wird, stößt jeder Augenblick wieder um *(And every moment is a new and shocking / Valuation of all we have been).* In der Destruktion der Zeitvorstellung verliert die Dauer (wiederum am deutlichsten in der Vergangenheitsrichtung) ihre Würde. »Erzähle mir nicht / Von der Weisheit der Alten, lieber von ihrer Torheit, / Ihrer Furcht vor der Aneignung, / dem Einander-Gehören, oder Anderen, oder Gott«, dem ständigen Sichentziehen zugunsten einer ständigen Bereitschaft.

Hier wird der Begriff des Wartens wesentlich: des Wartens ohne Gedanken, vor dem Denken gewissermaßen, und das heißt wiederum in der Zurückhaltung vor den Bindungen – im Bewahren der unendlichen Möglichkeiten: einem Zustand, da Licht und Finsternis noch nicht geschieden sind und die Ruhe noch eins ist mit dem »Tanz«: wo die Gestaltlosigkeit selbst eine Lebensfigur, ein »Muster« ist, zugleich Anfang jeglichen Weges und Ende der Vertiefung, der Loslösung, das freilich nur als Ziel Wirklichkeit hat. *For us, there is only the trying. The rest is not our business.* Im dritten Gedicht erscheint das Bild des Stromes, sonst Zeichen für den »Lauf« der Zeit, hier aber entscheidend umgedeutet. »Der Strom ist in uns«, heißt es, kein außermenschliches Geschehen (ein solches ist vielmehr angedeutet in der Beschreibung des chaotischen Meers), sondern die Bewegung der Selbstgestaltung, auf der Suche nach einem Ende. Ein vergebliches Suchen: es gibt kein Ende; die Vorstellung eines zielstrebigen Zukunftsgeschehens entspringt der verfälschenden Vorstellung einer zielstrebigen Vergangenheit. Der geläufige Vergleich des Lebens mit einer Seefahrt wird im Rahmen solcher Vorstellungen nicht intensiv genug aufgefaßt: die wirkliche Fahrt erlaubt kein Ziel, denn jede Etappe bringt Verwandlung und Umbruch: »Ihr seid nicht dieselben, die den Hafen verließen oder die am Bestimmungsort ankommen werden« – dem Seefahrer kann man nicht *fare well* wünschen, sondern nur *fare forward.*

Dieser Verschärfung des Strom- und Fahrtgleichnisses liegt eine Verschiebung des Entwicklungsbegriffs zu Grunde. »Es scheint«, so lauten die vielleicht zentralen Verse des Buches, »wenn man älter wird, daß die Vergangenheit ein anderes Muster hat und aufhört, eine bloße Aufeinanderfolge *(sequence)* zu sein – oder selbst ein Werden *(development)*, das zweite zum Teil eine Täuschung, ermutigt durch oberflächliche Entwicklungsbegriffe *(notions of evolution)*, die in der allgemeinen Vorstellung zum Mittel wird, die Vergangenheit zu enteignen.«

Einem Zeitbereich wird sein Eigenrecht dadurch geraubt, daß man ihn zur bloßen Zeitrichtung macht: durch eine bestimmte, im Lauf von Generationen herausgebildete Weise »zurückzublicken, hinter dem Schutz des erinnerten Geschehens *(recorded history)*, das halbe Über-die-Schulter-Zurückblicken nach dem ursprünglichen Schrecknis«: das historische Bewußtsein.

Schon in *»Murder in the Cathedral«* ist von Geschichte die Rede gewesen; zunächst im geringschätzigen Sinn einer sinnlosen Wiederholung derselben Irrtümer (»Die Menschen lernen wenig von den Erfahrungen anderer« – ein nicht eben sehr origineller Gedanke, der auch in dem Drama keine bedeutsame Stelle einnimmt). Dann aber bereits in dem wesentlicheren Hinblick auf eine Einheit des Tuns und Leidens und wiederum auf ein *pattern: for the pattern is the action / And the suffering, that the wheel may turn and still / Be forever still.* In diesen wörtlichen Anklängen an die Gedichte ist derselbe Vertiefungsversuch erkennbar, der aus den Zeitbezügen heraus zu einem Zustand des »Tanzes« führt, für welchen die Scheidung vergangener und ungeschehener Dinge irrelevant wird, durch den jedoch der Augenblick als Augenblick seine eigentliche Intensität zurückgewinnen soll; zu dem Zustand, in dem es ein Leiden gibt, das mit dem Handeln identisch, ein Warten, das immer schon Entscheidung, wenn auch nicht Parteinahme innerhalb eines »Geschichtsablaufs« ist. Dieser nun aber, die Historie – welchen Platz erhält sie in Eliots Konzeption?

History may be servitude, / History may be freedom, heißt es in dem letzten Gedicht. Wieder eine jener sehr allgemeinen Formulierungen, denen bei Eliot doch ein genauer Sinn zukommt. Die Alternative bleibt nämlich an einen privaten Bereich gebunden: es ist von den Bindungen an die eigene Vergangenheit, an Erlebtes und allenfalls auch Überliefertes, die Rede: im Anschluß an Erwägungen ethischer Natur, die in vorangehenden Strophen eindrucksvoll dargelegt sind, die aber aus dem Rahmen dieser Problemstellung heraustreten. Nur eine gewisse zuversichtliche Grundstimmung muß hier erwähnt werden, in welcher eben eine Befreiung »von der Zukunft wie von der Vergangenheit« als möglich erscheint. »So beginnt die Liebe zu einem Land als eine Bindung an unseren eigenen Handlungsbereich und gelangt zu der Entdeckung, daß diese Handlungen von geringer Bedeutung sind – wenngleich niemals belanglos.« Bindung und Lösung in einem also, und ein Prozeß, der in seinen weiteren Stadien zur völligen Freiheit führen würde – wobei diese aber im schon angedeuteten Sinn nur als Ziel wirklich sein kann.

Das Geschichtsbewußtsein kann somit – dies erscheint als das paradoxe Ergebnis des Eliotschen Gedankenganges – aus den zeitlichen Beziehungen herausführen, so sehr es in seiner alltäglichen Gestalt das Verhaftetsein an sie darstellt. Aufs neue fühlt man sich hier an den »Mord in der Kathedrale« erinnert, wo der Chor der Frauen von Canterbury einen verwandten Vorgang (wiederum innerhalb des erwähnten ethischen Bereiches) zeigt: den Übergang von den widersprüchlichen Ereignissen und Forderungen einer *world of action* zu einer *»zeitlosen«*, oder aber die Zeit in ihrer einzig wesentlichen Form begreifenden Haltung.

... Welches Werk soll getan sein, welches Unrecht
Soll des Vogels Lied bergen, der grüne Baum bergen,
welches Unrecht
Soll die frische Erde bergen? Wir warten, und die Zeit ist kurz,
Aber das Warten ist lang.

Der Fischerkönig

Immer wieder scheint es der Wunsch neuerer Dichter geworden zu sein, die erneuernde Kraft des Mythos, irgendeines Mythos, an ihren Gestaltungen zu erfahren, und es genügt, sich an Thomas Manns biblische Tetralogie zu erinnern, um zugleich auch zu ermessen, wieviel gelehrte Nachforschung vonnöten ist, um die Figuren und Zeichen eines aufs Überzeitliche bezogenen Geschehens wieder vertraut und selbst zwanglos anwendbar werden zu lassen. Freilich hat innerhalb eines Stiles, der es ohnehin auf psychologische Ergründung und leitmotivische Wiederkehr abgesehen und andererseits die Pedanterie erschöpfender Herleitung nie gescheut hatte, diese Art des Grundlegens nichts Überraschendes, sondern erscheint vielmehr als eine natürliche Konsequenz.

Geht man auch auf deutschem Sprachgebiet nicht so weit, den Schöpfer von Versen und denjenigen von Romanen und Erzählungen verschieden zu bezeichnen, so wird doch gemeinhin dem Herstellen von Gedichten mehr Spontaneität zugesprochen oder deren Anschein von solchen Erzeugnissen eher erwartet als von Prosawerken – anderseits wünscht man auf jene unmittelbarer »anzusprechen« oder von ihnen angesprochen zu werden als von diesen. An schwer verständliche Gedichte ist man zwar gewöhnt, doch stellt man in solchen Fällen meist die Forderung an sich und die Dichtung, daß deren dunkler Sinn sich durch einen Akt der Konzentration, des Sicheinfühlens, des Begreifens erhellen werde. Anderseits ist man geneigt, der Lyrik, zumal wenn sie geheimnisvoll ist, einen nähern Bezug zum Metaphysischen zuzutrauen und in ihren Worten Symbolisches zu vermuten, das sich freilich nur mit Hilfe gewisser Kenntnisse deuten läßt; so wird beispielsweise der unmittelbare Zugang zu manchen Gedichten Rilkes vielen schon dadurch verwehrt, daß sie von einer spezifisch katholischen Symbolik durchwachsen sind.

Im selben Jahr 1922, in dem die »Duineser Elegien« vollendet wurden, ist auch die englische Literatur um eine Gruppe von ausnehmend schwierigen Gedichten bereichert worden: den fünfteiligen Zyklus *»The Waste Land«* von Eliot. Es kennzeichnet die oben berührte Problematik, daß der Verfasser seine Dichtung nicht erscheinen lassen konnte, ohne sie mit Anmerkungen zu versehen, mit Erläuterungen, die nicht etwa bloß in deutlicher Weise wiederholen, was die dunkle Sprache der Verse sagt, sondern überhaupt erst die Voraussetzungen geben, unter welchen jene allein gelesen werden können und ohne die sie nicht einmal im Ungefähren begreiflich würden.

Den Schlüssel zum Verständnis des Gesamtbereichs der Dichtung gibt Eliot mit der Nennung eines Buchs, das ihm den Anstoß zu dem Unternehmen gab und einen großen Teil des symbolischen Materials lieferte. Es ist dies eine literaturgeschichtliche und zugleich religionswissenschaftliche Abhandlung von Jessie L. Weston, betitelt *»From Ritual to Romance«*, erschienen 1920 in Cambridge. Sie geht dem Ursprung der Gralssage nach – ihrem Ursprung und nicht ihrer Herkunft, wie die Verfasserin ausdrücklich bemerkt. Sie stellt nämlich die Legende und ihre Symbolik, ohne nach ihrem Weg durch heidnisches (keltisches) und christliches Denken und Glauben zu fragen, in den Zusammenhang der uralten Fruchtbarkeits-, Lebens- und Auferstehungskulte, der Tammuz-, Adonis-, Osiris-Religion; in den Mittelpunkt der so gesehenen Sage rückt die Gestalt des Königs, der noch in Wolframs Dichtung dem Parzival zuerst als Fischer begegnet und dessen Krankheit in früheren Fassungen noch mit der Verödung seines Landes zusammenfällt, das mit seiner Genesung sich wieder zu neuer Fruchtbarkeit erholt.

Über die Richtigkeit der in diesem Buch vorgetragenen Ansicht haben wir nicht zu urteilen; doch scheint es der Mühe wert, den Weg der Anregung auf Eliots Gedichte in einigen Momenten zu verfolgen. Der Fisch als Lebenssymbol von zweifellos vorchristlicher Abkunft – auch Jung hat von ihm ausführlich gehandelt – führt den Dichter aus dem Kreis heraus, den er mit Erinnerungen an Dante und Augustin (und neben diesem freilich auch an Buddha) stets von neuem heraufbeschwört, und damit denn auch aus der Reichweite des unmittelbaren Verständnisses. Mit ihm tritt das Element in den Vordergrund, dessen Herrschaft im Mythos die erneuerte Lebenskraft bedeutet, das Wasser, welches die schemenhaften Gestalten in den Gedichten verbindet, im Strömen der Themse, im verschlingenden Meer, als Schicksal des phönizischen Schiffers und des Fischerkönigs, der an seinem Ufer sitzt, das öde Land hinter sich.

Das Kommen der Wasser, der im Kult gefeierte Vorgang, der Rhythmus des kreatürlichen Lebens überhaupt, wird schon zu Beginn des ersten Gedichts angedeutet und ins Erotische gewendet, unter dessen Vorzeichen es auch weiterhin erscheint. Und außerdem nimmt es in der Gestalt der Kartenschlägerin (*Madame Sosostris, famous clairvoyante*) magische und auch bizarre Züge an. In wie geistreicher und zugleich undurchsichtiger Weise ursprünglichste Symbolik hinter den scheinbar spielerischsten Ton gestellt ist, mag hier aus einem Beispiel hervorgehen: die wirre Ausdeutung eines Tarock-Spiels verbirgt die heiligen und – nach J. L. Weston – im Sexuellen beheimateten Embleme des Grals: den Kelch (Herz), die Lanze (Karo), das Schwert (Pique), die Schale (Treff), die sowohl im alten Ägypten wie in China mit den Figuren des Kartenspiels verknüpft wurden.

In den Einzelheiten des neuzeitlichen Lebens bricht sich das ur- und überzeitliche Geschehen, ähnlich wie man dies von Eliots letzten beiden Stücken her kennt. Der Vorgang der Paarung (im dritten Gedicht), in banalstem Londoner Mittelstandsrahmen, ist zugleich die Vision des blinden Wahrsagers, in dem sich die beiden Geschlechter vereinen (»Und ich Teiresias habe dies alles im voraus erlitten, / Es vollzogen auf dem gleichen Diwan oder Bett«); wie ein Echo folgt ihm der Gesang der *Thames-daughters* – zugleich eine Anspielung auf die »Götterdämmerung« – und die Reminiszenz an Elisabeth und Leicester im Heck eines Kahns. Aber die Londoner Situation nimmt ein neues Gesicht an, unvermutet oder doch nur durch den Titel des Gedichts (*The Fire Sermon*) leise vorbereitet. *Highbury bore me. Richmond and Kew / Undid me*, heißt es in der Strophe einer Themsetochter; und Eliot gibt in der Anmerkung die entsprechende Dante-Stelle: Purgatorio V, 133f.: *Ricorditi di me che son la Pia: / Siena mi fe'; disfecemi Maremma.* Und das Gedicht klingt aus in Worten des Buddha und Anspielungen auf Augustins »*Confessiones*«: *To Carthage then I came – Veni Carthaginem, et circumstrepebat me undique sartago flagitiosorum amorum* (III, 1).

Mit diesen Zitaten – und die große Bedeutung der Zitate in Eliots Dichtungen zeigt am einfachsten, wie wenig sich diese mit einer landläufigen Vorstellung von Lyrik decken – wird jener anscheinenden Verabsolutierung des natürlichen Geschehens, der zyklischen Erfüllung und dem Zauber von »Erdenwunsches Überwall« die Welt der Askese, betontermaßen der west-östlichen, gegenübergestellt. Doch bilden die gedanklich so betrachteten Verse kein Lehrgedicht: da wird nichts entwickelt, alles assoziiert. Eine Dante-Stelle, der berühmte Bericht des Ugolino im 33. Gesang der Hölle: *E io senti' chiavar l'uscio di sotto / all' orribile torre*, wird wörtlich hereingenommen (*I have heard the key / Turn in the door*..., der Schlüssel wird zu dem des Gefängnisses eines jeden – zu dem des Gefängnisses, das jeder sich selbst ist, und von ihm springt die Erinnerung auf einen Passus aus F. H. Bradley, »*Appearance and Reality*«, über, der in der Anmerkung mitgeteilt wird: »Meine äußern Wahrnehmungen sind nicht weniger auf mich allein beschränkt als meine Gedanken oder meine Gefühle. In jedem Fall gehört mein Erleben meinem eigenen Kreis an, einem Kreis, der nach außen geschlossen ist; und jede Sphäre ist in allen ihren Elementen gleichmäßig undurchsichtig für die andern, die sie umgeben... Kurz, die ganze Welt, betrachtet als eine Existenz, die in einer Seele in Erscheinung tritt, ist für sich gesondert und dieser Seele eigen.«

Die Sätze sind hier nicht deshalb wiedergegeben, weil sie als besonders tiefsinnig anzusehen wären, sondern als Beispiel für eine Zentrierung im Gedanken der Dichtung, welche gegen die Peripherie nicht wählerisch sein muß, freilich auch in ihrem Assimilieren noch nicht mit so klarer Gleichmäßigkeit verfährt wie in späteren Gedichten namentlich der »*Four Quartets*«. Eben das oft Gewalttätige und scheinbar Sprunghafte, das der Motivfolge anhaftet, gibt dieser aber auch etwas eigentümlich Zwingendes, ebenso wie die Blitzesschnelle, mit der vom kraß Körperhaften zu bloß noch lautlichen Anklängen, von bizarrer Weitläufigkeit zu knapper Aphoristik, dann auch etwa von der virtuosen Schlichtheit gereimter Zeilen zu freiesten Rhythmen hinübergewechselt wird.

Solch rascher Variierung entspricht das Oszillieren des Gedankenspiels, das im Ganzen der Dichtung schließlich keiner Aussage Endgültigkeit läßt. Die Pole sind mit Wasser und Feuer, mit allgemeinem Verfließen und einsamer Läuterung, die Grundproblematik ist mit der Situation des Königs gegeben: *I sat upon the shore / Fishing, with the arid plain behind me / Shall I at least set my lands in order?* Aber auf diese Frage, die erst gegen das Ende des letzten Gedichts solch feste Form findet, hat jenes Hin und Her keine bündige Antwort herangebildet. Die in Augustin zitierte christliche Möglichkeit gibt die erlösende Formel nicht, und aus dem Mittelstück dieses fünften Gedichts, das auf den Gang nach Emmaus anspielt, läßt sich der Grund erraten:

Wer ist der dritte, der an deiner Seite geht?
Zähle ich, so sind nur du und ich hier beisammen,
Doch wenn ich vorwärts schaue, die weiße Straße hinauf,
So ist da immer ein andrer, der neben dir geht,
In einen braunen Mantel gehüllt, gleitend, verkappt.
Ich weiß nicht, ob es ein Mann ist oder eine Frau.
– Doch wer ist das an deiner anderen Seite?

Es ist hier noch einmal ein Blick in Eliots Anmerkungen zu werfen, wo es heißt, daß diese Zeilen durch den Bericht von einer antarktischen Expedition (»ich weiß nicht mehr welcher, aber ich glaube einer von Shackleton«) angeregt seien: die Teilnehmer waren, am Ende ihrer Kräfte angelangt, der ständigen Täuschung unterlegen, es sei einer mehr da, als man zählen konnte.

Das Ringen um die festen Grenzen der Person – um die eigene Identität: es ist ein Thema, das den Dichter seither immer wieder beschäftigt hat. Hier zeigt es sich noch enger als später verschlungen mit dem Problem des Religiösen, der Zuwendung zum Numen – die Frage nach sich selber mit der Frage nach dem Gral, denn in gewissem Sinne werden Parzival und Anfortas hier eins. Die Lösung liegt in einem entrückten Zustand, hinter Wasser und Feuer, dem Versinken in alle Tiefen und dem Sichemporkämpfen: *Shantih shantih shantih* mit dem indischen Wort am Schluß der Dichtung, *the Peace which passeth understanding* nach Eliots erläuterndem Vermerk.

J. Alfred Prufrock

Es scheint, daß die Gedankenlyrik es nicht in erster Linie mit Personen zu tun hat. Wo Menschen erwogen sind, stehn sie mit ihrer Standesbezeichnung zu Buch, eher als mit dem Namen. Schillers »Spaziergang« führt vorüber an des Landmanns Eigentum, des Hirten Gesang ist zu hören, dieses Dienergefolg meldet den Herrscher mir an; oder es gleiten auf ebenem Strom die Flöße dahin, in den Baum fliegt die Axt, aus dem Felsbruch wiegt sich der Stein: bewegende Funktion, an der Wirkung erschaut. Genannt sind nur Götter und Halbgötter.

Gilt die Meditation dem Individuum, so kann sich der Blick auf die Bühne hin öffnen. Da redet man dann von Personen, von Gestalten oder von Figuren – das sind Nuancen, die sich auf die Stärke der Vergegenwärtigung beziehen. Rose Bernd ist sicher keine »Figur«, Dürrenmatts Staatspräsident keine Person, vielleicht auch der Großinquisitor in »Don Karlos« nicht.

J. Alfred Prufrock ist eine Person T. S. Eliots. Sie kommt in keinem seiner Theaterstücke vor, und es ist die Frage, ob das ihre Präsenz beeinträchtigt. Es soll Leute geben, die Eliot einen Platz unter den modernen Dramatikern verweigern; das hängt möglicherweise mit seiner lyrischen Individuationskunst zusammen: sie läßt dem Schritt auf die Bühne wenig Entscheidendes. Sie erübrigt ebensosehr den Schritt zum Roman, den Eliot nie getan hat. So wie sich Prousts Gestalten in Abendstunden um uns versammeln können, so stellt zuweilen auch J. Alfred Prufrock sich ein.

»The Love Song of J. Alfred Prufrock«: es ist das erste Gedicht, das in dem Band »Collected Poems 1909–1935« steht, und das erste, das Eliot für eine Caedmon-Aufnahme gelesen hat – was ein Grund mehr sein kann für einen besonders nachhalti-

gen Eindruck von dem Text. »Das Liebeslied«; es scheint nichts weniger als ein Liebeslied zu sein. Fast nur der erste Vers gibt einen Anschlag auf diesem Ton. *»Let us go then, you and I«* ... Kein »Vivre là-bas, vivre ensemble« ist beschworen; ein Gang durch halbverlaßne Straßen, karge Stadtlandschaft, vorüber am Lauern einer großen Frage (*»Oh, do not ask, ›What is it?‹«*) – Gang zu einem Besuch.

In the room the women come and go
Talking of Michelangelo.

Das ist der Vordergrund. Leitmotivisch insistierend prägt er sich ein. Draußen an den Fenstern aber schleichen die Nebel- und Rauchschwaden dahin. Langsam; denn da ist viel Zeit. *»Time for you and time for me«*; Zeit, um Einzelnes zu bewältigen, doch Zeit auch, um hundertmal unentschieden zu bleiben, hundertmal es sich noch einmal zu überlegen. Im Zaudern und Zögern wird J. Alfred Prufrock überrascht, von eben der Zeit, die er sich genommen hat (»Sie werden aber sagen: ›Wie dünn sein Haar wird‹«; »sie werden sagen: ›Wie dünn seine Arme und Beine sind‹«)...

Er (J. Alfred Prufrock) sagt von sich: »Ich habe mein Leben mit Kaffeelöffeln ausgemessen.« Von allem ist ihm Kenntnis geworden, von Abenden, Morgen, Nachmittagen, von Stimmen, Augen – von denen zumal, die ihn eingeschätzt, eingeordnet haben –, von Armen, weißen, geschmückten... Er hat bei all dem keinen Anfang gefunden, keine Stelle, um einzuhaken, umzuwälzen. »Ich hätte ein Paar furchige Klauen sein sollen, dahinschießend über die Böden stiller Meere.«

Statt dessen findet er sich eingehüllt in friedliche Tage, in Teestunden (mit Kuchen, Eis, Porzellan, *some talk of you and me*) und ist – obwohl er geweint, gefastet und gebetet hat und seinen Kopf auf einem Tablett hat bringen sehn – kein Prophet. »Ich habe den Augenblick meiner Größe aufflackern sehn. Und ich habe gesehn, wie der Ewige Lakai mir den Mantel hielt und kicherte – *And in short, I was afraid.*« Er weiß nicht – wird nie wissen können –, ob es der Mühe wert gewesen wäre: eine große Frage (welche?) anzugehen, aufzustehen und eine große Antwort zu sagen; da doch jemand, eine Frau, hätte sagen können: »Das ist überhaupt nicht das, was ich meinte. Das ist es überhaupt nicht.«

Das Gedicht schließt auf einer Note der Resignation. J. Alfred Prufrock muß sich sagen, daß er nicht Prinz Hamlet ist. Sondern einer der Lords im Hintergrunde, gut genug, eine Szene oder zwei in Gang zu bringen, ein Ratgeber des Prinzen, bisweilen etwas lächerlich, »fast der Narr«. Er wird alt und bleibt unentschlossen. Eine letzte Assoziationsreihe: er geht – in weißen Flanellhosen – am Strand dahin; er hat die Meerjungfern singen hören, für einander, nicht für ihn; er weiß von Tagen, da »wir« drunten im Meere wohnten, von Meerjungfern mit Seetang umwunden, »Bis Menschenstimmen uns wecken und wir ertrinken«.

»Wir«: damit kann das gelegentlich wiederkehrende *you and I* gemeint sein, durch das ein »Liebeslied« schattenhaft angedeutet ist. Jedenfalls ist ein Einverständnis umschrieben, dem Bereich des Menschengesprächs entrückt, in Untergründen zu Hause, wo es sich nur heimlicherweise lebt; in einem Verhältnis zu dem, was droben geredet wird, ist das tödliche Tiefe.

Was der Dichter als J. Alfred Prufrocks Liebeslied ausgibt, nimmt sich auf weite Strecken eher wie ein Selbstgespräch aus, wie das Selbstgespräch einer eigentümlich gearteten Person. Es bewegt sich zwischen zwei Polen: zwischen der Frage nach einem sinnvollen Leben (angestammtes Thema der Gedankenlyrik) und einem literarischen Porträt oder Selbstporträt. Dem Gedicht steht ein Motto voran, Verse aus Dantes »Inferno«, die Worte, die Guido von Montefeltro an Dante richtet. Wenn er glauben müßte, sagt Guido, daß die Welt seinen Bericht einmal vernehmen könnte, so würde er schweigen; da aber noch keiner aus der Höllentiefe zu den Lebenden zurückgekehrt sei, rede er ungescheut. Er spricht zu dem, der als einziger wieder zum Licht emporsteigen kann; so kommt, was verborgen bleiben sollte, unter die Leute. J. Alfred Prufrock erwägt für einen Augenblick das Kräftemessen mit einer großen Frage – eine Aussage, wie etwa: »Ich bin Lazarus, von den Toten zurückgekehrt, zurückgekehrt, um euch alles zu sagen, alles werde ich euch sagen...« Nur daß dann jemand – nur daß *sie* dann sagen könnte: *»That is not what I meant at all. That is not it, at all.«*

Eliot hat seine Beziehung zu Dante mehrfach hervorgehoben, in einer Weise, die für andere nicht gleich verbindlich sein muß wie für ihn. Vielleicht sind die unausdrücklichen Anklänge noch hörenswerter als die direkten Berufungen: jene Bühnengestalten, die gleichsam in der Rolle des Vergil die Suchenden durch Höllenlandschaften des Alltagslebens und unerleuchteter Seelen führen. J. Alfred Prufrock gehört nicht zu ihnen, er erscheint als Geführter, der die Angst zu lernen hat und dem, anders als Dante, die Zunge bei der Rückkehr gebunden bleibt. Das nicht oder nur halb Aussprechbare ist Gegenstand seines Sinnens. Er ist kein Prophet, denn er traut seinen Ahnungen nicht; er könnte, setzte er den Zweifel hintan, nur zum falschen Propheten werden.

Dante dringt auf seinem Jenseitsgang zu Regionen vor, in die Vergil ihn nicht mehr begleiten kann: zu jenen höchsten Gefilden, durch die ihn Beatrice führt. J. Alfred Prufrocks Erfahrung reicht durch Teestunden und Strandspaziergänge, durch die Schrecknisse seiner halbwachen Existenz in Meerestiefen hinab, in denen er sich nicht festhaken konnte und die ein profanes Wort zum Reich der Toten macht. Der durch die Verse kaum bestätigte Titel des Gedichts, das sparsam eingewobene *»you and I«* läßt diese geheimen Gründe als Bereich einer höchst subtilen, einer gleichsam theologischen Liebesbeziehung erscheinen.

Alfred Döblin

Einen Rhythmus festhalten

Ob Walter Muschg dem Schriftsteller einen Dienst erwiesen hat, da er ihn so hoch über seine Zeitgenossen erhob? Und ob Döblins Biographie durch die Unterdrückung zentraler Lebenszeugnisse an Glaubwürdigkeit gewonnen hat? Diese zweite Frage gehört in den größeren Kontext der Denkmalpflege an bedeutenden Männern, geübt – oder eher verübt – von den Nachlaßverwaltern; in unserem von Tabus angeblich so sehr befreiten Jahrhundert.

Die erste Frage – nach der künstlerischen Bewertung – ist wichtiger und auch schwieriger. Döblin selber hat sich von Thomas Mann abgegrenzt (oder ihn von sich) mit dem Vorwurf, der berühmte Kollege – den er wohl haßte – sei zeit seines Lebens nicht über die ästhetische Erbauung der bürgerlichen Gesellschaft hinausgelangt, habe in seinen Werken vom Vorhandensein eines Proletariats nie Kenntnis genommen. Darüber läßt sich reden. »Berlin Alexanderplatz« liefert zwar den Beweis, daß Döblin seine Proletarier kannte, aber an den ästhetischen Maßstäben – und auch am Publikum – der Romanliteratur ändert der soziale Bezug als solcher nicht viel.

Noch könnte man das von der Gesellschaftskritik Heinrich Manns in »Der Untertan« und »Der Kopf« behaupten. Die erneuernden Momente stammen dort, gleich wie bei Döblin, aus expressionistisch-phantastischen Einschlägen in einem Erzählstil, dessen Grundschule keinesfalls außer dem Rahmen der bürgerlichen Welt lag – mochte sie auch den Anspruch auf deren Erbauung nach und nach immer schärfer zurückweisen. Und wie erklären sich die Innovationen in Musils »Mann ohne Eigenschaften«? Aus psychologischen Vertiefungen, denen man eines gewiß nicht nachrühmen kann – daß sie irgend etwas mit der Arbeiterklasse zu tun hätten.

Psychologie ist aber auch in der Epik Döblins ein Hauptnerv; und gegenüber Thomas Mann wäre das noch kein unterscheidendes Merkmal, so wenig wie die mythologische Verlängerung jenes Nervs – die freilich anders bei ihm und anders bei Musil verläuft. In der Joseph-Tetralogie wird dem Mythischen eine bergende Kraft zugeschrieben. Im »Mann ohne Eigenschaften« bewirkt es Entstofflichung; wenn das Wort existierte: Vergläserung der Personen. In Döblins Erzählungen reißt es den Boden unter den Füßen der Menschen auf. Und zwar der Menschen, wie sie hier und heute sind, in den Bereichen der Arbeit und des Verbrechens, des Geschäfts und der Ehe. Insofern ist der Autor freilich berechtigt, Kritik zu üben an einem ästhetisch-historischen Auswahlverfahren, dank welchem sich Mythologie im Rahmen des Bildungskomforts bewegt. »Montage« ist bei ihm etwas anderes als bei Thomas Mann.

Aber weder macht sein Verfahren ihn – als Schriftsteller – zum sozialen Anwalt, noch weist es ihn (wie Walter Muschg freilich glaubte) als den Urerzähler aus, der die deutsche Literatur des Jahrhunderts einsam überragte. Einsame Qualität, ja. Man ermißt sie – nur eben, mit welchem Maßstab? – beim Lesen und Wiederlesen. Man liest wieder:

> »Grauer endloser Wiesenplan. Schwer verschattete Luft. Lautlose Schmetterlinge im hellen Klee, Lupinen, verwachsenes wüstes Ginstergebüsch, starre Haferhalme. Keine Buche im versinkenden schwammigen Boden, keine Aloe, Palme. In der Ferne – wie weit – eine tiefe schwarze Regsamkeit, rauchend an das Himmelsdach, eine mattblinkende Masse, Metallmasse von Blei und Zinn, ungeheuer. Schwache Linien, Biegungen, ein Knie umrissen, von einer Hüfte eine Falte abwärts gespannt, Bewegung wie der Sturz einer Sandlawine. Der Rumpf, wo mochte der Rumpf sein. Die Arme, wo mochten sie sich, bis zu welcher Höhe sich erheben. Keines Kopfes schien diese Masse, diese Wolkenwand zu bedürfen. Ihr Anblick so erschütternd, Zungen lähmend. Kein Ich konnte hier bestehen bleiben, tiefste Bewußtlosigkeit strömte die Masse aus.«

So kann einer anfangen. So kann eigentlich jeder anfangen. Man prüfe aber: wie lang er bei solcher rhythmischen Strenge bleibt; ob er fähig ist, den Stoff einer ganzen Erzählung ohne Zwang und Manier auf dem Wellengang solcher Diktion zu halten. Wenn das ein Kriterium ist, dann liegt in der integrierenden Kraft, im Zusammenhalt, im Zusammenklang der Döblinschen Prosa ein in der Tat sehr ungewöhnlicher Rang begründet. *Daß* es ein Kriterium ist, bedarf der Erläuterung kaum. Schreiben heißt einem Rhythmus folgen. (»Schön« schreiben: einem Metrum gehorchen: das ist eine andere Sache.) Die Bedeutung des Rhythmus wächst mit der Fülle des Mitzuteilenden; mit dessen Spannweite, Gegensätzlichkeit – Tragik. Unter diesem Gesichtspunkt lese man »Hamlet oder Die lange Nacht nimmt ein Ende«. Nicht nur, aber *auch* unter diesem Gesichtspunkt beweist »Berlin Alexanderplatz« ein Gestaltungsvermögen, wie es gerade im deutschen Sprachgebiet selten vorkommt.

Christa Wolf

Gültiges Zeugnis

Nachdenken – das Wort könnte wieder im Titel stehen. Man holt, wenn man *»Kindheitsmuster«* gelesen hat, das frühere Buch hervor. *»Nachdenken über Christa T.«* Da sind Unterschiede. Der Rhythmus stetiger, die Diktion bedächtiger in dem größer gebauten Werk. Die Brechungen eines Erzählens, das sich selber immerfort prüft, weniger auffallend, weniger kunstgriffartig; regelmäßiger, notwendiger. Die Perspektive der Vergangenheitsbetrachtung genauer festgelegt: Das Selbstgespräch der Erzählerin bildet den Rahmen; im Vordergrund sieht man sie bei der Erforschung (die im Buch münden wird) ihres Themas; der Bericht über eine kurze Reise zum Schauplatz legt einen mittleren, schmalen Streifen ins Bild; und dahinter erst tut sich die Zeit auf, um die es geht. Die Zeit, wie ein Kind sie sah – doch das Kind sieht nicht nur mit den eigenen Augen – und wie sie aussieht für den, der jetzt weiß, was das damals Gesehene war. Eine stillere, tiefere Unruhe hält den Blick in Bewegung von Schicht zu Schicht; die Rückschau der Freundin von Christa T. war direkter und lebhafter, vielleicht gegenwartsschärfer gewesen.

Geblieben ist das Nachdenken. Dem Vergangenen nach-denken – und warum es nicht »einfach erzählen«? Ein Kritiker hat das tatsächlich gefragt... Es liegt nahe, daran zu erinnern, daß Thomas Mann – nicht just ein Autor, der das Erzählen scheute – für ein entfernt verwandtes Unternehmen, nämlich deutsches Schicksal erklärend zu schildern oder schildernd zu erklären, auch ein entfernt verwandtes Verfahren wählte, indem er den Blick auf die »Faustus«-Gestalt Adrian Leverkühn über den Beobachter und Kommentator Serenus Zeitblom gehen ließ. Weil es Dinge gibt, die nur mittelbar, nur gebrochen, gespiegelt an uns herantreten können. Dazu in »Kindheitsmuster«: »Ein Traum, letzte Nacht: H. sagt dir auf den Kopf zu, du könntest einen Berg von Leichen nicht beschreiben, in seinen Einzelheiten. Ohne zu überlegen, gibst du ihm recht. Er sagt, gerade das müsse ein Autor in diesem Jahrhundert wenigstens können. Du seist untauglich für diesen Beruf.« Von daher zumindest müßte verständlich sein, daß Christa Wolf (wahrscheinlich wissend, und mit Grund, daß niemand so wenig »untauglich für diesen Beruf« ist wie sie) nach dem Gebot ihrer künstlerischen Klugheit gehandelt hat, als sie ihrem Bericht den forschenden, prüfenden, reflektierenden Charakter gab, dem er nun Rang und Bedeutung verdankt.

Den Vergleich mit »Doktor Faustus« muß man natürlich gleich wieder vergessen. Nicht allein, weil sich dort das Romanhafte doch über weite Strecken behauptet; wobei dahingestellt bleibe, ob das die besten »Strecken« sind. Sondern weil der ideengeschichtliche Horizont und die kritisch-mythologische Ansicht der deutschen Katastrophe gerade nicht zu den Themen oder zum Thema von »Kindheitsmuster« gehören. Weil Christa Wolf auch gerade nicht fragt, »wie es dazu kommen konnte«: eine Frage, die immer auf ungewöhnliche Konstellationen aus ist; vielmehr fragt sie nach dem Gewöhnlichen, nach dem Gewohnten, worin sich ein Gesellschafts- und Staatsunwesen erhielt bis ans Ende und ein Teil seiner Trägerschaft noch darüber hinaus. Sie erkundigt sich nach Vergangenem – nach einem Kind, das doch in einer heute sich Erinnernden noch lebt; sie erkundet seinen Alltag als Feld einer dunklen Geschichte und auch als Vorfeld der Gegenwart. »Wie sind wir so geworden, wie wir heute sind?« Auf die Gegenfrage: »Wie sind wir denn heute?« muß sie gefaßt sein. Antworten muß sie nicht.

»Wie man es erzählen kann, so ist es nicht gewesen. Wenn man es aber erzählen kann, wie es war, dann ist man nicht dabeigewesen, oder die Geschichte ist lange her, so daß einem Unbefangenheit leichtfällt.« So in »Nachdenken über Christa T.« Und nun? Genau so. »Man« ist dabeigewesen; und die Geschichte mag lange her sein, viel Unbefangenheit läßt sie trotzdem nicht aufkommen. Die Erzählerin von »Kindheitsmuster« stellt fest, »daß wir in eigener Sache entweder romanhaft lügen oder stockend und mit belegter Stimme sprechen«. Genau so wird hier berichtet, stockend und mit belegter Stimme – und in eigener Sache. Wobei wir nicht trennen sollen: »in eigener Sache« bedeute einmal »im Umgang mit dem Kind, das man selber war«, und ein andermal sei die Vergangenheit – gerichtlich auch »Vorleben« – einer Generation in Deutschland gemeint. Die eigene Sache ist *eine* Sache; eben deshalb das Stokken.

»Wer Hand an seine Kindheit legt, sollte nicht hoffen, zügig voranzukommen.« Denn das Kind muß wiederhergestellt werden, von Zutaten befreit, von Angedichtetem, Ausgedeutetem. Und das läßt sich nicht einleitungsweise erledigen, sondern es muß immer wieder geschehen, von einer Episode zur andern: Soviel kann Nelly damals gesehen haben, soviel erfuhr sie später dazu, soviel weißt »du« jetzt. Denn die Erzählerin erscheint in der zweiten Person – eines Nachts hat sie Sätze gefunden, »die du als brauchbaren Anfang ansahst; jemand war also mit ›du‹ anzureden. (...) Dir war, du hättest nun die Freiheit, über den Stoff zu verfügen.« Eine Freiheit, mit der sie sehr vorsichtig umgeht, kontrollierend und sichernd, über 480 Seiten hinweg. Die Freiheit, überhaupt zum Thema zu kommen.

Und dies zwar behutsam, aber auch gründlich. Die Erzählerin, die mit »du« angeredet wird und den Zugang zu Nelly, dem Kind, vermittelt, geht auf verschiedenen Wegen vor: sie erinnert sich, sie dokumentiert sich, sie träumt auch; wobei ihre Traumarbeit ebenso wie die Anstrengung des Nach-denkens und Nachforschens für die Gegenwärtigkeit des Vergangenen zeugt. Und sie geht nicht allein vor: auf die Reise »nach L., heute G.« wird sie begleitet von Lutz, ihrem Bruder (Nellys jüngerem Bruder), von Lenka, ihrer Tochter, und von H., ihrem Mann. Drei Kontrollinstanzen: der Bruder hat nicht nur andere, sondern auch weniger problematische Erinnerungen, bei ihm sind Damals und Jetzt ohne bewußte Gewaltsamkeit auseinandergehalten; die Tochter, nicht dabeigewesen, kann verstandesmäßig einordnen (»bewältigen«), was sie erfährt. »Lenka sagte: Die müssen ganz schöne Komplexe gehabt haben. – Dankbar vermerktet ihr ihren Takt, nicht ›ihr‹, sondern ›die‹ zu sagen.« Und H., dessen Gedächtnis sich stumm verhält, überprüft die Schlüsse und Urteile, zu denen »man« vorstößt.

Schlüsse und Urteile, nicht nur die »Welt« betreffend, in der das Kind aufwuchs und die es nicht anders, nicht umfassender begreifen konnte als eben so, wie sie vor ihm lag (»Kindheitsmuster«); sondern auch dieses Kind betreffend, Nelly, die es sich angewöhnt, nicht mehr zu fragen, wenn die Erwachsenen nicht mehr reden wollen. »Nimmt Neugier ab, wenn sie lange ins Leere stößt? Kann man eines Kindes Neugier vollkommen lahmlegen? (...) So ungefähr, könnte man sich vorstellen, werden die Grundlagen für Scheu gelegt, die sich in wenigen Jahren zu Trotz und Undurchdringlichkeit verdichten wird.« Grundlage der Anpassung, mit Vorbehalten von zweifelhafter Beweiskraft. Mehrmals wird ein polnischer Autor zitiert, der unter anderm erklärt hat, die Menschen des zwanzigsten Jahrhunderts könnten einander nicht verzeihen, daß sie sich fähig gezeigt hätten, in Diktaturen zu leben. Aber »fähig« ist nicht gleich »schuldig«. Und erforscht wird hier nicht das Gewissen (wessen Gewissen denn auch; da »man« erst von der zweiten Person an erscheint?). Sondern das Verhalten (»Grundmuster«; »Verhaltensmuster«).

Nelly, das Kind, ist Zeuge für die unwillkürlichsten Elemente des Verhaltens: für die Wörter, die damals gebraucht wurden. Für eine Sprache, die von Redensarten und Liedanfängen, von Geflügeltem und von Abgedroschenem überquillt. »Mit Gewalt ist kein Bulle zu melken.« »Da hilft kein Singen und kein Beten.« »Meinem ärgsten Feind wünsch ich das nicht.« »Was ich nicht weiß, macht mich nicht heiß.« »Kein schöner Land in dieser Zeit.« »Etwas ist faul im Staate Dänemark.« »Das sieht ein Blinder mit dem Krückstock.« Die Sprache von Menschen, die ihre Antworten parat haben für die Fragen, mit denen zu rechnen ist. »Dachte sie (Nelly) vielleicht, ihr Großvater war Reichsbahnsekretär? Oder wenigstens Lokomotivführer? Pustekuchen. Nicht mal Zugbegleiter, der.« Nebenbei, wer darauf angewiesen ist, in einer Vatersprache zu schreiben, die sich vom gesprochenen Mutterdialekt abhebt, beneidet nicht nur die Fertigkeit, sondern auch schon die Möglichkeit, Umgangston und Familienjargon so unvergoren in den Bericht zu kippen.

Aber der Jargon, der zeigen soll, wie gut man Bescheid weiß, wird brüchig in Situationen, die man besser – oder lieber – nicht gar zu gut kennt. An den Bruchstellen erscheinen »Glitzerworte«: »Den Erwachsenen, die sie aussprachen, begannen die Augen zu glitzern. Man mußte ihnen nicht auf den Mund, sondern auf die Augen schauen, wenn sie sprachen, um herauszufinden, nach welchen Wörtern man nicht fragen durfte.« Auch hier keine Trennung zwischen einem privaten Bereich, in dem man vor einem Kind verschweigt, was beispielsweise mit der Ehescheidung von Tante Trudchen zu tun hat, und einem politischen Kontext, in den sich gewisse Chiffren oder eben »Glitzerwörter« einschleichen für gleichfalls nicht klar zu Benennendes. »Artfremd« zum Beispiel; darüber wird am Mittagstisch auch nicht gesprochen. Von den Redensarten zum Verschweigen: kein weiter Weg mehr; aber zur Wahrheit zurück – eine lange Reise.

Die hier erzählt, will nicht als Anklägerin auftreten; sie tritt vor, als Zeugin. Was sie ermitteln hilft, ist nicht die Historie böser Taten oder fataler Unterlassungen, sondern die geschichtlich-gesellschaftliche Lebensweise von Menschen, deren Sinn für Verantwortung limitiert und in dieser Limitierung – auf Familie, Geschäft und einen engen Kreis um beides – nicht ganz frei von einem untergründig-unbestimmten Schuldbewußtsein war. Die Kleinbürgerwelt, die sich nicht so sehr als Ergebnis einer Entwicklung wie als Hintergrund einer Weiterentwicklung darstellen soll, ist weder karikiert noch dämonisiert, es gilt ihr die volle Sorgfalt einer Rekonstruktion, in deren Mitte die Gestalt einer Durchschnittsfrau von perfekter Glaubwürdigkeit steht: Charlotte Jordan, die Mutter (Nellys Mutter), die man als Leistung der Porträtkunst unter die weltliterarischen Figuren einreihen könnte – wenn nicht die Unbestechlichkeit der Zeugin gerade den literarischen Glanz in jeder Zeile vermiede.

Die doppelte Wohltat bedeutenden literarischen Könnens und ausgereiftester Reflexion geht von diesem Buch aus. Denken und Sagen halten miteinander Schritt. Eigentlich schade, daß das so selten ist. Um so nachdrücklicher soll es – um das Wort nun zu übernehmen – »bezeugt werden«. Wir wüßten den deutschsprachigen Schriftsteller nicht zu nennen, den wir gleich ernst nähmen wie Christa Wolf.

Künstlerische Kraft – moralische Leistung (und umgekehrt)

Da ist dieser Hund, in »*Kein Ort. Nirgends*«. Gleichzeitig rufen ihn, von verschiedenen Seiten, Kleist und die Hofrätin Wedekind. Ein quälender Konflikt, dem sich das Tier zuletzt entzieht, indem es sich hinlegt und einschläft, in der Mitte zwischen den Rufenden.

Man blättert; findet Sätze wieder. »Was wir unser gutes Recht nennen: das Recht des Nichtwissenwollens oder des Nichtsagenmüssens. Ein gutes Recht« (in: »Nachdenken über Christa T.«). Ein gutes Recht, gut im Sinne von lebensfreundlich, im Sinn eines Schutzes vor übersteigertem (Selbst-)Anspruch. Das Zumutbare ist schwer genug.

Zum Beispiel »die Hinwendung zu den Dingen, wie sie wirklich sind, zu den Ereignissen, wie sie wirklich passieren, wenn man ihrer lange entwöhnt war und ihren Abglanz in Wünschen, Glaubenssätzen und Urteilen für sie selbst genommen hat«. Zum Beispiel: mit Namen umgehen und dabei ahnen, »daß die Benennung kaum gelingt und daß sie dann nur für kurze Zeit mit dem Ding zusammenfällt, auf das sie gelegt wurde.«

Mit einem Wort, Schreiben – gegen den Widerstand des eigenen Zweifels am Schreibenkönnen. »Daß ich nur schreibend über die Dinge komme«; schreibend *und* in Kenntnis »unserer Unfähigkeit, die Dinge so zu sagen, wie sie sind«. Der einzige Weg, und deshalb gerade noch zumutbar.

Das Schreiben selbst zum Thema machen. Oft nur ein Kunstgriff – dessen sich auch Christa Wolf in Einzelfällen bedient. Sie nähert sich einer Situation, indem sie erklärt, man könne dergleichen in Worten nicht wiedergeben; und dieser Satz ist schon Teil der Wiedergabe (in Worten). Aber wir meinen nicht das.

Wir meinen die Gesamtlage, in der das Schreiben sich selbst ein Problem ist. Die Gesamtlage, die Christa – T.? oder W.? – auch geradezu »unsere moralische Existenz« nennt. Hinter der Frage, *wie* man denn, schreibend, über die Dinge kommt, steht die Forderung, *daß* man sich ihnen – und nicht ihrem Abglanz in Wünschen, Glaubenssätzen und Urteilen – zuwende. Schreiben, knapp zumutbar, wäre dann: mit der Wirklichkeit Ernst machen.

Eine moralische Forderung? Oder ein künstlerischer Anspruch? Beides in einem. Die Folge der literarischen Arbeiten Christa Wolfs läßt sich ebensogut als ein Weg zu vollerer Wirklichkeit wie zu höherer Wahrhaftigkeit verstehen.

Ungefähr gleichzeitig mit der »Selbstwerdung« eines Menschen – Christa T. – hat sie in dem Aufsatz »Lesen und Schreiben« die Aufgabe eines Romanautors – ihre eigene – dargestellt. Wer erzählt, sagt sie dort, »sollte unbestechlich auf der eigenen Erfahrung bestehen«; er hat – und die Wiederholung, nach wenigen Seiten, fällt auf bei jemandem, der sonst nicht zweimal sagt, was er meint, – »unverwandt und unbedingt wahrhaftig von den eigenen Erfahrungen auszugehen«. Unbestechlich, unverwandt, unbedingt wahrhaftig... Warum glaubt man es ihr – bei so starken Worten?

Geschrieben im Jahr 1968; ein beziehungsreiches Datum. Von »Zeitgenossenschaft«, von »unvermeidlichem Engagement« war die Rede in jenem Aufsatz und vom Schreiben als einem Mittel, »sich mit der Zeit zu verschmelzen in dem Augenblick, da beide« (der Autor, es war von Büchner die Rede, und eben die Zeit, seine Zeit) »ihre dichteste, konfliktreichste und schmerzhafteste Annäherung erfahren«. Und nochmals wird Schreiben – nun Brechts »dialektischem Denken in Modellen« sich nähernd – ein *Mittel* genannt, »ein Mittel, Zukunft in die Gegenwart hinein vorzuschieben«.

Zukunft in die Gegenwart – aus eigener Erfahrung. Wobei Christa Wolf dafür hält, daß die »sozialistische Gesellschaft« solch antizipierendem Denken und Schreiben die größere Chance gibt oder geben müßte als die »antagonistische Klassengesellschaft«. Wäre es so, wir würden immer noch feststellen, daß hier die Mittel den Zweck heiligen – und nicht umgekehrt. Würden immer noch eher zum Nennwert dies nehmen: daß eine schmerzhafte und konfliktreiche Annäherung zwischen Dichter und Zeit sich vollziehe, in jeder Gesellschaft, damit Wünsche und Glaubenssätze und Urteile uns, den Lesern, den Blick auf die Dinge freigeben müssen; was auch daraus werde.

Doch die »sozialistische Gesellschaft«, so wie sie in der DDR nun repräsentiert wird, scheint dem antizipierenden Denken und Schreiben weniger zugänglich, als Christa Wolf es sich – oder ihr – vorstellte. Zumindest dem Staat sind Glaubenssätze und Urteile, als Ersatz für die »Dinge selbst«, nicht so zuwider, daß sich der Schriftsteller in seiner Freilegungsarbeit von ihm generell unterstützt fände. Zu schweigen vom Ausblick auf reale Konflikte, auf Maßregelungen.

Literarische Wettermacher der Bundesrepublik pflegen dem Zerwürfnis eines »DDR-Schriftstellers« mit seiner Obrigkeit eine großzügige Bewertung seines Könnens folgen zu lassen. Der Versuch, einen Anspruch an Staat und Gesellschaft dort zu vertreten, so lange es geht, wird hier selten gewürdigt – obwohl er sich eben durch künstlerische Aussagekraft legitimiert. Der knapp zumutbare Weg führt – und das ist sein Vorteil – nicht in die literaturpolitische Vermarktung. »Indessen dünket mich öfters / Besser, zu schlafen, wie so ohne Genossen zu sein.«

Daher jene Bilder und Sätze, die man als Bruchstücke einer Ethik verstehen kann. Einer Ethik, nicht des einzig richtigen, »nur« eines angemessenen Verhaltens (das dafür, *vielleicht*, etwas bewirkt). Stolz auf die eigene Konzessionslosigkeit ist nicht die Prämie. Es bleibt bei den Zweifeln: wie an der Möglichkeit, Wirkliches zu benennen, so auch an der Fähigkeit, das Wahre zu sprechen. Ohne »unser gutes Recht… des Nichtsagenmüssens«, ohne dieses Stück Lebensfreundlichkeit geht es nicht.

Von den eigenen Erfahrungen ausgehen. Man darf diese Richtlinie nicht im äußeren Sinn autobiographisch verstehen und kann sie trotzdem sehr wörtlich nehmen. Aus »Kindheitsmuster«, aus »Nachdenken über Christa T.«, aus Stofflichem in »Der geteilte

Himmel«, aus Erzählungen ergibt sich manches Stück Lebensgeschichte der Schriftstellerin; und manches ergibt sich nicht, weil es – offenbar – nicht »hierher gehört«. Bedeutende Texte, andererseits, wie »Selbstversuch« oder »Kein Ort. Nirgends«, beruhen nicht auf realiter »Miterlebtem«, aber sehr wohl auf eigener Erfahrung, nämlich auf einem Reflexionsprozeß, der *nichts ausläßt*, keinen Winkel der Sache und keinen Arbeitsgang im Durchleuchtungsverfahren. Wo die Aufgabe einmal gestellt ist, hat das »Nichtwissenwollen« sein gutes Recht verloren.

Man kommt zu der – überraschenden? jedenfalls nicht ganz alltäglichen Feststellung, daß hier der Rang eines Autors auf seiner Gründlichkeit beruht. Gründlichkeit in der dichten, konfliktreichen, schmerzhaften Annäherung an die Zeit; wo sie dem Schreibenden zumutbar und für uns, die Leser, erhellend ist. »Wie sind wir so geworden, wie wir heute sind?« – Thema der erzählenden Reflexion in »Kindheitsmuster«; durchleuchtet mit einer Gründlichkeit, die den Feuilletonisten ein Ärgernis war.

Der Duktus unbeirrter Nachdenklichkeit wird zum Kriterium für die Prosa, die Christa Wolf schreibt. Ihr Erzählen ist rhythmisch sicherer, hat den reineren Klang als die eine und andere ihrer theoretischen Auskünfte. Nicht weil sie da »dichten« kann, sondern weil eine Denkbewegung sie trägt, die sie selber, gemäß ihrer Fähigkeit, über die Dinge zu kommen, sich angelegt hat. So erfüllt ihr erzählendes Denken einen doppelten, künstlerisch-moralischen Auftrag und gibt eine Antwort auf das »Wozu« der »Dichter in dürftiger Zeit«.

Erfahrung – Befreiung

»Der geographische Ort, an dem ein Autor lebt und der zugleich ein geschichtlicher Ort ist, bindet ihn.« Ein Satz von Christa Wolf – isoliert fürs erste: wir werden ihn noch in seinem Zusammenhang sehen. Daß jedes Schreiben und jedes Sprechen seine historische Geographie hat, versteht sich von selbst, doch das Selbstverständliche kann in bestimmten Situationen eine prägende Kraft entwickeln, auf die man wohl achtgeben muß. Büchners politische Agitation – im »Hessischen Landboten« – hatte ihren geschichtlichen Ort, selbstverständlich; wobei die Selbstverständlichkeit nichts daran ändert, daß man diesen Ort sehr verschieden bezeichnen kann, je nach dem, ob man Büchner gegen eine politisch-soziale Gesamtordnung (oder -unordnung) kämpfen sieht oder gegen eine ungerechte Obrigkeit; und was man da sieht, hängt von der historischen Geographie der Betrachtung selbst ab. Als Büchner nach Zürich kam, ein politischer Flüchtling wie andere vor und sehr viele nach ihm, fand er eine rechtlich gesinnte Obrigkeit vor, und was die Ordnung betraf, so hatte der Spätfeudalismus die Szene geräumt: die Probleme, die aus dem Frühkapitalismus entstanden, hat Büchner an seinem neuen Ort nicht mehr studieren können. Er starb so früh, daß auch wir nicht an ihm studieren können, was die Emigration an der geschichtlichen Verortung eines Autors vollbringt. Wir haben nur das Fragment seines Lebenswerks, das revolutionär ist in doppeltem Sinn, nämlich seiner gesellschaftlich-politischen Stoßrichtung nach, und nach der erneuernden Dynamik seines dramatischen und erzählenden Stils.

Besteht ein Zusammenhang zwischen politischem Aufbruch und literarischer Innovation – da, wo sie tatsächlich gemeinsam auftreten? Ein mehr als nur biographischer, konstellationsbedingter Zusammenhang? Auch diese Frage wird man je nach dem eigenen Standort beantworten. Christa Wolf spricht – nach dem schon zitierten Satz – von der »Pflicht«, »sich... in die Zukunft vorauszuwerfen«. Und die Pflicht, das zu tun, ergibt sich für sie aus der Möglichkeit, es zu tun – einer »wichtigen Freiheit«, die ein Autor vor andern voraus habe, wenn seine Gesellschaft »die Selbstverwirklichung ihrer Mitglieder anstrebt«. Auch dies könnte man noch oder wieder eine Selbstverständlichkeit nennen, wenn man sich nur schon darüber geeinigt hätte, welche Gesellschaft das sei. Doch wir werden uns nicht so bald einigen – können wohl nur jenes gegenseitige Studium fortsetzen, das Büchner und seinen Lesern versagt geblieben ist – etwa den Unterschied zwischen Ordnung und Obrigkeit angehend oder die Wirkungen neuer geographisch-historischer Orte auf politisch-literarische Vorkämpfer.

Was heißt nun aber: sich in die Zukunft vorauswerfen? Die Frage scheint schwierig; und ortsgebunden gerade auch sie. Dennoch gibt es eine Antwort, und in dem Werk von Christa Wolf findet sie sich. Keine zitierbare theoretische Auskunft; nicht ein Satz, den wir dann, in Anbetracht seiner historischen Geographie, als »vorläufig definitiv« zu betrachten hätten. Eine Aussage, die nicht erst selber »sagt«: schon der Arbeitsprozeß, der zu ihr hinführt, enthält sie, und die unablässige Reflexion dieses Arbeitsprozesses macht sie vernehmlich. Die Reflexion: denn wir haben es zwar mit einem, wie man wohl sagt, erzählenden Werk zu tun; doch die Erzählung wird bei Christa Wolf befragt: nach ihrer Perspektive, ihrer Absicht, ihrem Ziel; und die so überwachte Erzählung ist selbst eine fragende, den Dingen nachfragende, nachdenkende Arbeit – eine Arbeit, die weiß, was sie leisten, worauf sie antworten soll. Wenn also wir jetzt fragen, was es heiße, sich in die Zukunft vorauszuwerfen, so ergibt sich schon aus der Anlage solch erzählenden Nachdenkens, solch nachdenkenden Erzählens, daß die Antwort in einem Bezug stehen muß zum Begriff der Erfahrung.

Also zunächst das Erinnern, oder das Sich-erinnern-Lassen. Man fährt zurück in die Stadt der Kindheit. Man hält beim Stadion, um noch einmal das hölzerne Drehkreuz vor dem Kassierhäuschen in Bewegung zu setzen. Das ist Urstoff des Erzählens; der Rückweg in die Vergangenheit; man pflegt den zuständigen Buchtitel zu erwähnen: »A la recherche...« Hier aber – ich spreche von »Kindheitsmuster« – geht jemand bei der Tbc-Beratungsstelle vorbei, sie ist noch »im gleichen Haus wie damals«, und in Klammern: »Der gußeiserne Türgriff, den du versuchsweise anfaßt.« Die sich an ihre Kindheit erinnern läßt, wird hier mit »du« angeredet, und das Kind, das in ihrer Erinnerung sichtbar wird, steht in der dritten Person. Hier wird recherchiert; wer sich erinnern läßt, ist hier Zeuge. Erzählen als ein Prozess, von welchem gesagt wird: »Der Endpunkt wäre erreicht, wenn zweite und dritte Person wieder in der ersten Person zusammenträfen, mehr noch: zusammenfielen. Wo nicht mehr ›du‹ und ›sie‹ – wo unverhohlen ›ich‹ gesagt werden müßte.« So wird sinnfällig, daß der Erzähl-Prozeß nicht nur der Rekonstruktion von Vergangenheit dient, sondern eine Veränderung anstrebt. Der Zeuge, der seine Erinnerungsarbeit geleistet hat, soll wieder »ich« sagen können. Er soll frei werden.

Erfahrung – Befreiung. Wobei man den Ausgangspunkt des Prozesses immer noch ortsgebunden oder historisch verstehen mag. Daß aber die Kraft des Erinnerns nur von *einer* Generation *eines* Landes gebraucht werde, muß oder darf man nicht annehmen. Christa Wolf nennt es geradezu ein »neuzeitliches Erlebnis« und, in Anlehnung an einen polnischen Autor, »den zeitgenössischen Zustand der Sünde«: sich selbst nicht annehmen zu können, die Wahrheit über sich selbst nicht wissen zu wollen. Den »Himmeln der Selbstverleugnung« einer barocken Frömmigkeit läßt sie »die Höllen der Selbsterfahrung« folgen – und bezeichnet so allerdings einen bestimmten Ort: den der Angst. »Schreibend den Rückzug der Angst betreiben«, nennt die Erzählerin ihre Arbeit. Die Vergangenheit aufschließen, anonyme Vorgeschichte zu eigener Geschichte machen und als Selbsterfahrung bezeugen: darin eben besteht der Prozeß, den »die Hoffnung« bewegt, »freizukommen«. Das Mißverständnis, es gehe bei all dem um individualistische Klärung, um einen psycho-hygienischen Akt, liegt – nicht sehr nahe. Da es natürlich trotzdem begangen worden ist, sei es erwähnt. Freilich läßt sich Erfahrung schwer vorstellen ohne Personen. Und wie sollte sie ihrer Wahrhaftigkeit vollkommen sicher sein, wenn nicht als je eigene? Darum sollte die Prosa, wie Christa Wolf sagt, »unbestechlich auf der einmaligen Erfahrung bestehen und sich nicht hinreißen lassen zu gewaltsamen Eingriffen in die Erfahrung der anderen, aber« – das fügt sie noch hinzu: – »sie sollte anderen Mut machen zu ihren Erfahrungen.«

Anderen Mut machen: das Wort stimmt nachdenklich. Spricht es eine Absicht aus, die in der Literatur als landesüblich gelten könnte? Wo schreibt man Romane, heutigentags, um andern, uns anderen, Mut zu machen? Mut und gerade nicht Angst? Es muß wohl auch da wieder etwas Historisch-Geographisches mit im Spiel sein... Christa Wolf ist der Meinung, daß ein Autor die Chance und damit die Pflicht hat, sich weiter als andere »in die Zukunft vorauszuwerfen«, wenn die Gesellschaft, in der er lebt, die Selbstverwirklichung ihrer Mitglieder anstrebt. Nun scheint es, daß dieses Sich-in-die-Zukunft-Vorauswerfen etwas zu tun hat mit jenem Mut-Machen: anderen Mut machen zu ihren Erfahrungen. Und dabei spielt es offenbar eine Rolle, daß der Autor – ich sage jetzt: von der Annahme ausgeht, er lebe in einer Gesellschaft, die das gleiche Ziel verfolge wie er, nämlich die Selbstverwirklichung ihrer Mitglieder, seiner Mitmenschen. Auf diese Annahme muß es wohl ankommen: und auf die Solidarität, die sie stiftet, die Solidarität des Autors mit seiner Gesellschaft. Wenn die Absicht, »anderen Mut zu machen«, ein Indiz für Solidarität mit der eigenen Gesellschaft ist, dann steht es um solche Solidarität in unseren Breiten bedenklich.

Der Gedankengang führt hier freilich zu einem Zirkel. Wenn Solidarität mit der eigenen Gesellschaft eine Voraussetzung dafür ist, daß man anderen Mut machen kann, so gilt auch, daß man ein wenig tapfer sein muß, um mit seiner Gesellschaft solidarisch zu sein; wobei es auch da mitunter von Nutzen ist, zwischen Ordnung und Obrigkeit zu unterscheiden. In dieser Lage wäre es wohl das beste, man brächte ein wenig Tapferkeit gleich einmal mit. Es gibt keine Gesellschaft, daß ich wüßte, auf Erden, wo das nicht jedenfalls helfen kann. Der Eindruck, daß Christa

Wolf ihren Weg an eben dem Punkt des Zirkels begonnen hat, kann sich auf ihre eigene Rechenschaft, ihre Selbstüberprüfung nicht stützen. Sondern: »Bescheidenheit ist am Platze«, würde sie sagen, hat es mehrmals gesagt. Und nicht nur Bescheidenheit. Zweifel: der feiner gebaute, beweglicher insistierende Bruder der Angst, deren Rückzug das Schreiben betreibt. Er bleibt, der Zweifel: ihn hört man in »Kindheitsmuster« der Erzählerin sagen, »daß es im Zeitalter des Argwohns das aufrichtige Wort nicht gibt, weil der aufrichtige Sprecher auf den angewiesen ist, der aufrichtig zuhören wollte, und weil dem, dem lange das verzerrte Echo seiner Worte zurückschlägt, die Aufrichtigkeit vergeht. Dagegen kann er nichts machen. Das Echo, auf das er rechnen muß, schwingt dann als Vorhall in seinem aufrichtigsten Wort. So können wir nicht mehr genau sagen, was wir erfahren haben.«

Der Zweifel ist beredt – die Tapferkeit ist es nicht. Vielleicht ein Glück; es würde sonst verdunkelt, daß die Erinnerungsarbeit, oder der Weg zu einem befreiten Umgang mit Selbsterfahrung, durch Widerstände führt. Der Erzählerin wird auch gesagt: »...in dem nüchternen Gegenwartsblick, den du auf die Vergangenheit richtest und der vor nicht langer Zeit von Abneigung, ja Haß getrübt gewesen wäre, liegt Ungerechtigkeit in Hülle und Fülle.« So mag Bescheidenheit wirklich am Platze sein und der Zweifel auch; der Zeuge wird nicht so bald frei kommen, und was ihn behindert, kann ihn im Traum noch verfolgen, so daß er sich »in der eigenen Stadt als Spion« sieht. Der Haß, die Ungerechtigkeit, die Vereinzelung: auch ihren Rückzug betreibt das Schreiben – denn sind sie nicht Emanationen der Angst? Der erinnernde Zeuge betreibt ihren Rückzug, zunächst bei sich selbst; aber seine Arbeit gilt der Gesellschaft und versteht sich als Mitarbeit an der Selbstverwirklichung ihrer Mitglieder. Die erzählende Reflexion, die erinnernde Wegbereitung für eine vom Grund, vom zeitlichen Wurzelgrund her befreite Zukunft – sie ist literarisch neu und politisch (im weitesten Sinne) bedeutsam: der doppelte Aufbruch, den Büchner unternahm, wiederholt sich in ihr, unter anderen Himmeln, die nicht nur, nicht in allen Schichten geteilt sind.

Und es wiederholt sich, daß dem Zeugnis für Vergangenes,

das als eigene Geschichte erfahren und so zu einem Weg in die Zukunft wird – eine Zukunft von Menschen, die sich selber annehmen können, – daß diesem Zeugnis *ein* Mittel, *ein* Medium zusteht. »Die Sprache«, so hat Christa Wolf geschrieben, »das hoffe ich«: sie »könnte mir folgen, überallhin, wohin zu gehen man eines Tages den Mut haben wird: denn von dieser Zuversicht lebt man.« Es ist diese Zuversicht, für die wir ihr danken und die wir mit ihr teilen möchten.

Max Frisch

Das Offenhalten von Wunden

»Oft bedeuten meine Hoffnungen und Ansprüche lächerliche Überheblichkeiten und noch am selben Vormittag ebenso lächerliche Minderwertigkeiten«, stellt der 21jährige fest. Drei Jahre später schreibt Frisch in einem Reisebericht aus dem Hitlerreich: »Von jeher schwankte das deutsche Wesen, sowohl im Einzelmenschen wie im Volksganzen, zwischen Minderwertigkeitsangst und übersteigertem Selbstbewußtsein.« Weitere 22 Jahre danach, in einer Rede zur Bundesfeier: »Weil die heutige Schweiz lebt, als habe sie keine Ideen..., darum die Angst. Ihre Symptome sind Minderwertigkeitsgefühl und Dünkel.«

Und wieder der Einundzwanzigjährige: »Die beiden sitzen auf der Wandbank, und ich sitze auf einem Stuhl. Vielleicht ist das immer so, wenn drei Leute zusammen sind: es sind nie drei, sondern immer zwei und einer.« Wobei man nicht über-interpretiert, wenn man sagt, wer so fühle, neige von sich aus dazu, dieser eine zu sein. – Jahrzehnte später, eingeladen mit Günter Grass: »Da ich das freundliche Haus von früheren Besuchen kenne, trage ich eine Krawatte, was sich als Nachteil erweist...« Ein Jahr danach »sitzt er in meiner ländlichen Bude in Männedorf, wo ich auch keine Krawatte trage«. Das Durchschnittsalter, in dem ein Mann aufhört, sich wegen seiner Krawatte Gedanken zu machen, muß tiefer liegen.

Sensibilität. Man beobachtet ihre Entfaltung: von früher Belletristik – Romanseiten, auf denen es heißt: »Ein Abend wie Porzellan«, »Ein Abend wie Glas« – zu der durchgearbeiteten Prosa des »Tagebuchs 1946–49«, des »Stiller«, des »Homo Faber«. Und darüber hinaus; nur daß eine Grenze der Entfaltung allmählich in Sicht kommt und die Sensibilität sich von ihrer ersten Erscheinungsform, von der Anfechtung durch die Frage nach dem eigenen Standort, nach dem eigenen Wert oder »Minderwert«, nicht immer noch weiter entfernt. Auch die Beobachtung erreicht ihre höchste Schärfe (im Sinn von Genauigkeit) dort, wo sie sich – die Verbindung elastisch wahrend – aus der Selbstanalyse löst: die Stellen über Othello, über Eifersucht, im »Tagebuch 1946–49«. Später, bei geringerer Elastizität (aber die Verbindung hält an), überwiegt die Schärfe des Urteils, die Irritation.

Sie hat zwei Aspekte. Frischs Hauptthema – nennen wir es den Identitätsstreit – ist bei aller künstlerischen Ergiebigkeit ein empfindlich begrenztes Thema. Was bedeutet der Identitätsstreit? Daß die Identitäts*suche* (Urstoff des Romans) von vornherein behindert ist durch eine fremde, äußere Identitäts*erwartung*, die bis zu handgreiflichem Zwang gehen kann; und deshalb nicht über eine Identitäts*verweigerung* hinauskommt (oder selten; und da endet sie in einem nicht so recht vertrauenswürdigen Idyll).

»Wir haben einen Menschen verurteilt, zu sein, was er gewesen ist«, sagt der Staatsanwalt in dem Hörspiel »Rip van Winkle«. Die Gesellschaft legt uns fest; wir sollen uns nicht ändern; überhaupt nicht anders sein, als sie uns sehen will. Sie sorgt dafür, daß wir unsere Rolle kennen – daß wir uns noch selbst überfordern, um diese Rolle zu spielen: »Daher das schlechte Gewissen, das lebenslängliche Gefühl, etwas schuldig zu bleiben«; schuldig, weil wir nicht uns selber angenommen haben, sondern eben nur die Rolle, die uns zugewiesen war. – Der Variationenbreite, die Frisch in der dichterischen Gestaltung dieses Konflikts erreicht hat, entspricht ein gewisser Spielraum zwischen Selbstanklage und Gesellschaftskritik.

Der zweite Aspekt: 1954 erschien die Broschüre »achtung: Die Schweiz. Ein Gespräch über unsere Lage und ein Vorschlag zur Tat«, das Ergebnis einer Diskussion, an der außer Frisch vor allem Lucius Burckhardt und Markus Kutter beteiligt waren. Eine hellsichtige Analyse dessen, oder ungefähr dessen, was Karl

Schmid unter dem Titel »Unbehagen im Kleinstaat« neun Jahre später einem schon etwas besser vorbereiteten Publikum zeigte; und eine Anregung – »Gründen wir eine Stadt« –, die in einer noch nicht an »Realutopie« gewöhnten Öffentlichkeit mehr Aufsehen als Verständnis hervorrief.

Es hätte aber in dieser Broschüre für Frisch der Beginn eines kontinuierlichen Engagements in unseren politischen Auseinandersetzungen liegen können. Daß es zu *dieser* Art Engagement nicht gekommen ist, läßt sich mit der tatsächlich unangemessenen Reaktion auf »achtung: Die Schweiz« allein nicht erklären. Schon eher aus dem »Gefühl der Unzugehörigkeit«, das Frisch in der Büchner-Preis-Rede als einen Teil des ihm notwendigen Komforts bezeichnet hat. Als einen Teil freilich nur – zu ergänzen durch das Gefühl, den »eigenen Menschenschlag« akzeptieren zu können. Aber das Dürrenmatt-Zitat: »... die Schweiz ist mir kein Problem«, deutet hier eher auf eine Wunschvorstellung als auf ein gesichertes Faktum.

Charakteristischer ist das Zitat (in der selben Rede) aus dem eigenen Tagebuch 1946: »Die offenbare Enttäuschung (über Landsleute) verrät unsere heimliche Annahme, daß das eigene Volk, nur weil wir ihm selber gerade angehören, schließlich doch ein Mustervolk sei – und somit würde es also genügen, daß ich mich über mich selbst ärgere.« Gegen wen richtet sich aber der Ärger darüber, daß es dann doch nicht gelingt, sich allein über sich selber zu ärgern? Gegen das »Mustervolk«; und gegen sein »Establishment« – gegen Hochmut und Angst, die man wiedererkennt in ihm; und auch zu ihnen wird das Verhältnis nicht immer noch freier, auch zwischen Selbstverteidigung und Gesellschaftskritik ist der Spielraum begrenzt. – Soviel zur Irritation.

»Ich kann nicht verschweigen«, schrieb ihm ein Freund, 1949, »daß ich dieses gewaltsame Offenhalten von Wunden... für ein eigentliches Unglück halte.« Und er: »Ich halte für ein eigentliches Unglück: das Verbinden von Wunden, die noch voll Eiter sind...« So, wie die beiden Diagnosen formuliert sind, stimmen sie beide; lassen indes die Frage offen, was denn in aller Welt zum Beispiel ein eigentliches Glück sein könnte... Steht von vornherein fest, daß Wunden immer nur falsch behandelt werden?

Aber vielleicht sollten wir an solchen Fragen nicht hängen bleiben; vielleicht haben wir uns, gerade im Widerspruch gegen Frisch, zu sehr auf die Fragen eingelassen, die aus seinen subjektiven Positionsbestimmungen hervorgegangen sind? In einem Zeitungsartikel von 1965: »Hat die Schweiz der letzten Jahrzehnte eine Literatur, in der sie sich erkennen muß, und wenn nicht, warum nicht?« Langsam: Wir stellen unsere Fragen gern selbst. Hat die Schweiz der letzten Jahrzehnte eine Literatur, in der sie sich erkennen – kann? Und wenn ja, warum?

Die auf mehr als viertausend Seiten gesammelten Werke Max Frischs *sind* ein Beitrag zur schweizerischen Selbsterkenntnis. Wir blicken in den Spiegel; wir gefallen uns nicht. Ist der Spiegel schuld? Dort, wo er uns vorgehalten wird, mögen wir ihn verzerrt finden. Aber schon darin, *wie* er uns vorgehalten wird, spiegelt sich ohne Verzerrung der pädagogische Moralismus, der unser Erbteil ist. Und weiter: der befangene, irritierte, der hochmütig unsichere Mann; der Schweizer. Stiller, der aufatmet, weil sich sein Mitgefangener umgebracht hat, denn es war peinlich gewesen, einander den Rücken einzuseifen beim Duschen. Der Mann in einer Männergesellschaft, für den eine Frau so etwas wie Ferien im Ausland bedeutet. Der Mann, der sich geniert, weil sein Land nicht groß und im Krieg nicht dabei gewesen ist. Der Mann, der wissen möchte, wie er hätte sein können. – Wir versuchen keinen Katalog zu geben; wir versuchen nur zu sagen, daß Max Frisch ein bedeutender Darsteller der Welt ist, die ihn geprägt hat.

Konflikt mit der Schweiz

»Wir wurden geboren und haben nicht um unser Leben gebeten, nicht unser Vaterland erwählt. Einmal am Leben aber, ja, wir hangen daran, und wie lieben wir auch das Land, das unser Vaterland ist...«

So stand es, 1939, in »Blätter aus dem Brotsack«. Der Vorbehalt stand hart daneben: »Wir wollen das Grenzenlose, ob man es Herrgott nennt oder anders, nicht preisgeben und aus dem Boden, den es uns lieh, niemals einen Götzen machen, der den Menschen in uns erwürgt; wir werden unser Vaterland lieben und es verteidigen, niemals es anbeten.«

Keine »blinde Einheit der Gesinnung«, kein patriotischer Rausch: damit ist dem Vaterland nicht gedient. »Gerade unserem nicht!« – »Menschen eines Kleinstaates, was haben wir denn in der Welt zu erobern, wenn nicht die Weite des Herzens, die Reinheit und den Adel einer Gesinnung?« Ähnlich 1942, im Zusammenhang mit Albin Zollingers »Liebe zu seinem Vaterland, dessen einzig mögliche Größe die seines Geistes ist«.

Welchen Gebrauch macht aber das Land (machen die Landsleute) von dieser Dimension? Hier halten sich Zustimmung und Kritik noch die Waage. Albin Zollinger: »Sohn eines Volkes, das er gefährdet sieht, in Überschätzung seines äußeren Friedens geistig zu vergrasen...« Aber »wenn es für den schweizerischen Künstler oft eine erstickende Luft ist, was ihn in seiner Heimat umgibt, so ist dieses Übel, das uns persönlich trifft, doch nur die Kehrseite einer Haltung, die wir als Ganzes vollauf bejahen« (»Kultur als Alibi«, 1949).

Eine »Haltung«, die sich abgrenzt gegen »die ästhetische Kultur«, eine unzulängliche, unehrliche Veredelung der Gesellschaft; die sich abgrenzte, damals (und im Ansatz schon 1946:

»Das Schlaraffenland, die Schweiz«) gegen Deutschlands gescheiterte »Größe«; und die sich mit Recht verteidigen konnte gegen den Vorwurf, im Krieg nicht dabeigewesen zu sein. Wir zitieren »Gotthelf nicht als Entschuldigung dafür, daß es in diesem Lande auch Meuchelmörder gibt« (1949); »und die Freiheit, um die sie uns heute beneiden, haben wir niemals einem anderen Volke genommen, und wir haben sie niemals verhöhnt« (1946).

Dennoch: »Ziel ist eine Gesellschaft, die den Geist nicht zum Außenseiter macht, nicht zum Märtyrer und nicht zum Hofnarren, und nur darum müssen wir Außenseiter unsrer Gesellschaft sein, insofern es keine ist...« Der Stachel bleibt. »Wie klein unser Land ist« (Tagebuch 1, 1949). »Unsere Sehnsucht nach Welt... unser Heimweh nach der Fremde...« Die mißtrauischen Andorraner: »mißtrauisch gegen alles, was aus den eigenen Tälern kommt... Die andorranische Angst, Provinz zu sein, wenn man einen Andorraner ernst nähme, nichts ist provinzieller als diese Angst.« »Irgendwie fehlt uns das natürliche Selbstvertrauen.«

Der Provinz-Angst, dem Mangel an Selbstvertrauen begegnen. Max Frisch verfaßt, in Zusammenarbeit mit Lucius Burckhardt und Markus Kutter, das Manifest »achtung: Die Schweiz«, 1954. Es enthält die Aufforderung, etwas zu tun. »Und zwar nicht irgend etwas, sondern etwas Eigenes, etwas Schweizerisches, etwas, womit wir als Schweizer in lebendiger und verbindlicher Weise zur heutigen Welt gehören.« – Rückblickend meinen wir, daß in diesem Satz der Keim des Konfliktes steckt.

Damals sah es wohl eher so aus, als schieden die Geister sich über dem Vorschlag, in den das Manifest mündete: »Bauen wir eine Stadt.« Nämlich eine Musterstadt, gegründet in der Gegenwart und für die Gegenwart, anstelle (erstens) des großdörflichen Wildwuchses um historisch fixierte Siedlungen und anstelle (zweitens) einer nächsten Landesausstellung. Wobei die Landesausstellung von 1939 durchaus noch als rettende Tat verstanden war; sie »lieferte die Formel, gab einer Nation, die über sich selber nicht mehr Bescheid wußte, den Spiegel, in welchem sie sich – dankbar – als Nation erkennen konnte«. Eine Tat wurde nun von neuem verlangt, eine konkrete »Manifestation unsrer eidgenössischen Lebensform in dieser Zeit«. Der Vorschlag fand Widerstand; leider nicht auf dem Niveau, das ihm entsprochen hätte; und leider auch nicht wegen seiner wirklichen Schwäche. Nämlich wegen seiner, wie man glaubte, avantgardistischen Stoßrichtung und nicht wegen seiner veralteten Grundlage.

»...wir haben keine schweizerische Lebensform mehr, keine Lebensform, die beides zugleich ist, modern und schweizerisch.« »Jetzt (nach dem Heimatstil) ist es eine andere Mode, jetzt versuchen sie es mehr amerikanisch... Sie sind es schon heute, Vasallen einer fremden Lebensform...« (Bei der Unterscheidung, die sich hier ankündigt, zwischen »wir« und »sie« ist es dann geblieben.) Die Schwäche des Programms lag darin, daß der bekämpften Doppelposition (historisierendes Selbstverständnis bei gleichzeitiger Anpassung an das Fremde) die geforderte Integrationsleistung nicht faßbar genug entgegentrat; »eine Schweiz, die ihre Idee an den heutigen Problemen und mit den heutigen Mitteln zu verwirklichen sucht«. Der Plan einer Stadt war hervorragend geeignet, »heutige Probleme« mit »heutigen Mitteln« zu lösen; und dazu war man ohnehin bereit (so hätte der Plan auch niemanden schrecken müssen). Wo aber kam das spezifisch Schweizerische, wo kam die »Idee« herein?

In »achtung: Die Schweiz« stehen berechtigte Warnungen; zum Beispiel vor dem Profilschwund der Parteien, oder vor der »Diktatur der öffentlichen Wohlfahrt«. Die zentrale Mahnung zum eidgenössischen Selbstvertrauen, zur aktiven Weltverbundenheit ging ins Leere. »...das Gefühl, in Watte zu sprechen, war seine bitterste Enttäuschung«, hatte Frisch von Zollinger gesagt. Dieses Gefühl ist auch ihm nicht erspart geblieben (und wer, der da schreibt, könnte sagen, es sei ihm ganz fremd). Der Konflikt bestand aber eigentlich darin, daß Frisch rhetorisch-polemisch für eine nationale Idee stritt, die nach 1945 verblaßte und deren Verwirklichung *etwa* so ausgesehen hätte wie die Wirklichkeit selbst, hinter der ja im übrigen auch die eine und andere Idee stand, mit Interessen vermengt, wie sich das bei Ideen so gibt, bei der nationalen kaum weniger als bei andern.

Und der Wunsch nach einer Schweiz, »die sich selbst ins Gesicht zu schauen wagt«? Er war erfüllt: es kam höchstens noch auf den Spiegel an.

»Ich verwundere mich oft, wenn ich im Ausland anzutreten habe als Schweizer, über das Ausbleiben einer Frage, die von außen kommen könnte: Was ist euer Beitrag an verbindlicher Selbstdarstellung?« (»Unbewältigte schweizerische Vergangenheit« 1965). Die Frage kommt nicht von außen herein, und sie kommt nicht von innen heraus. Dergestalt, daß der Schweizer, der im Ausland als Schweizer »antritt«, so wie er das 1945 noch konnte und mußte, zwanzig Jahre später keine nationale Aufgabe mehr zu erfüllen hat. »Ist unser Land für seine Schriftsteller kein Gegenstand mehr?« »Wer an der Schweiz leidet, erscheint als Psychopath; sein Unbehagen reflektiert bloß seine Person, sein Versagen als Individuum, seine private Krise, das Ressentiment eines Kranken gegenüber dem Kollektiv, das gesund ist.«

Karikatur, kaum sehr überzeichnet, einer Diagnose, wie sie Max Frisch bisweilen gestellt worden ist. Die Diagnose samt der Karikatur einmal abgerechnet, bleibt die Tatsache, daß sein Leiden an der Schweiz allmählich diffus erschien. Das Fremdarbeiterproblem bringt ihn 1966 auf die Frage, »ob unsere Vorstellung von nationaler Eigenständigkeit... vielleicht eine atavistische Vorstellung geworden ist«, und er nennt diese Frage »peinvoll«, wobei aber unklar bleibt, ob sie es für ihn selbst sei (wie sie eigentlich müßte). »Die Überfremdung... fordert allerdings die Ahnung, daß Eigenart noch keine unbedingte Auszeichnung ist« – wie andere glauben? wie er selber geglaubt hat? Jedenfalls, die Schweiz scheint sich zu integrieren; aber erstens auf die falsche Art, nämlich nicht aktiv und freiwillig genug (was für die Überfremdung zwar kaum einen Unterschied macht), zweitens fürchten sich die Schweizer vor den Folgen dieser Integration, drittens jedoch gilt »die Feststellung..., daß in der Schweiz immer mehr Leute leben, die die Schweiz als solche nicht interessiert, ... auch für die Schweizer selbst...« Die eigene Lebensart, für die man sich 1954 nicht interessieren wollte, wird 1966 ängstlich verteidigt; trotzdem fühlen sich ausländische Intellektuelle wohl in dem Land, weil sie hier »Europäer sein« können.

Die Integrationsangst bringt an den Tag, »daß wir nur für uns selbst ein Leitbild sind«, aber für »die heutigen Inhaber der Schweiz«, wie es 1971 schließlich heißt (»So wie jetzt, geht es nicht«), ist die Schweiz »ein Land mit dem Anspruch, Vorbild zu sein für andere«; da steht der Nationalismus nun auf der Gegenseite, und dort als Ausdruck von Größenwahn oder Minderwertigkeitskomplex oder von beidem zugleich. Noch wird registriert, »daß die jüngeren Landsleute weitaus gelassener sind«, aber das dämpft nicht den eigenen schrillen Ton in der Polemik gegen die Armee oder gegen eine »Volksschule, die nicht Menschenkinder begabt mit menschlichen Fähigkeiten, sondern sie vornehmlich erzieht zur Leistungsfähigkeit im Sinn des Profits«. In »Wilhelm Tell für die Schule« (1970) bekämpft Frisch ein Schweizer Geschichtsbild, das noch weiter zurückliegt als sein eigener Patriotismus. Die einst gepriesene Landesausstellung von 1939 wird nun (»Dienstbüchlein«, 1973) verhöhnt: »Eine unberührte Schweiz, daher gesund wie ihre Kühe... Ohne Utopie, immun gegen alles Unschweizerische. Selbstvertrauen aus Folklore. Was mir damals nicht auffiel: der dezente Geruch von Blut-und-Boden – helvetisch.«

Die eigene Heimat – das Land der Andern. Der Konflikt ist nicht lösbar; nachvollziehbar ist er für den Leser, der hier sein Wiedergelesenes mitgeteilt hat, nur bis dahin, wo es hieß (1939): lieben und verteidigen, aber nicht anbeten. Das müßte genügen; es hat bisher immer genügt.

Was bleibt, ist die Unruhe

In dem »Tagebuch 1966–1971« (1972 erschienen) steht mindestens eine Eintragung, die in dem »Tagebuch 1946–1949« (1950 erschienen) auch stehen könnte. Sie gibt ein Gespräch im »Wolfbächli«, Zürich Hottingen, wieder. Der Verfasser stellt einem Malermeister, der ihm gegenübersitzt, Fragen; oder eigentlich *eine* Frage, die aber der andere nicht versteht: »Welche Arbeit macht Ihnen am meisten Lust?« Frisch nimmt zu Protokoll, was der Malermeister antwortet, wie er selbst seine Frage variiert, wie die Antworten weiterhin an den Fragen vorbeigehen – oder umgekehrt; der Malermeister gibt Auskünfte über sein Geschäft, dabei wird er so offen, daß es ihn hinterher reut oder ärgert; und immer noch will man ihn etwas gefragt haben, etwas anderes... Frisch protokolliert, er interpretiert nicht, der kritisch-theoretische Ansatz wird nicht entwickelt: die Puritanismus-Kritik – daß einer gar nicht will wissen können, was Arbeit mit Lust zu tun haben soll; und die Entfremdungstheorie – nach der auch der Unternehmer als Produktionsfaktor, nicht als Mensch im Wirtschaftssystem steht. Ebensowenig verlautet, was aus dem novellistischen Ansatz hervorgehen könnte – eine Tragikomödie des Mißverstehens.

Anderes (wenn auch nicht *ganz* anderes) steht in dem zweiten Tagebuch, das im ersten nicht stehen könnte. Die Fragebogen: mit denen Frisch anscheinend den Leser erkunden möchte; wobei er kaum damit rechnet, daß man ihm Antworten schickt. Der Leser spürt auch nicht eigentlich Neugier aus den Fragen heraus, eher das Bedürfnis, den Befragten zu überführen – sei es mit Fragen, die durch heimliche oder offene Voraussetzungen seine Antworten präjudizieren, sei es mit der Provokation zur Weigerung: man könne die Frage so nicht beantworten; wodurch man wahrscheinlich zeigt, wie sehr man Probleme verdrängt. Zum Beispiel: »Was mißfällt Ihnen an einem Neureichen: a. daß er ohne Heraldik auskommt?...« Die Frage setzt voraus, daß es eine spezifische Eigenschaft Neureicher sei, ohne Heraldik auszukommen; und daß ich (der Befragte) in meiner Eigenschaft als Nicht-Neureicher *nicht* ohne Heraldik auskomme *und* daß ich Menschen beneide, denen dies gelingt. Spätestens jetzt würde ich gern wissen, was das heißt, ohne Heraldik (nicht) auskommen; – so, das wissen Sie wirklich nicht?...

Ein anderes Beispiel: »Wie rechtfertigen Sie eignen Reichtum: ...h. durch vorbildliche Gewissenhaftigkeit in allen sittlichen Belangen, die das bürgerliche Profit-System nicht berühren, sowie durch Verinnerlichung der Gegebenheiten, Sensibilität für Kulturelles, Geschmack usw.?« Der so Befragte erhält keine Chance. Weder wird ihm die Möglichkeit ethischen Verhaltens unter Einschluß wirtschaftlich-sozialer Entscheidungen eingeräumt, noch darf seine Sittlichkeit anders als vorbildlich gewissenhaft, also wohl: eng moralisch, sein; daß »Verinnerlichung der Gegebenheiten« eine besonders widerliche Sache sein muß, kann er zwar spüren, bevor er Gefahr läuft, etwas Derartiges einzugestehen; aber was soll er sagen, wenn er tatsächlich kunstsinnig ist und Geschmack hat – und damit, wer weiß, gar nichts rechtfertigen will? Die Frage meint natürlich: Versuchen Sie, oder glauben Sie, eigenen Reichtum durch einen verlogenen Lebensstil zu rechtfertigen? und ist ein kaum verhohlener, scharf moralischer Tadel, an den zwar Unbekannten gerichtet, der sich aber gewiß betroffen fühlen müßte.

Man hat aus dem zweiten Tagebuch, als es erschien, ein Politikum machen wollen. Beim Wiederlesen sind es nicht die unmittelbar politischen Aussagen, die uns festhalten. Was jetzt hervortritt (und erst jetzt hervortreten kann), ist der Zusammenhang mit späteren Werken, mit dem »Triptychon«, mit »Der Mensch erscheint im Holozän«: mit einer Weiterverarbeitung der Themen, in der sich Gesellschaftskritik nochmals neu an menschlichen Existenzgrundlagen orientiert. Skizzen wie »Der Goldschmied« und »Kabusch« weisen in diese Richtung;

weniger direkt auch die Bruchstücke zur »Vereinigung Freitod«. Zugleich ist hier die Verbindung mit Früherem gesichert; die Geschichte vom Rechtsanwalt Schinz steht im ersten Tagebuch, aber im zweiten könnte sie auch stehen.

Neben solcher Kontinuität läßt sich ein Komplex unterscheiden, in den nicht nur die politisch-zeitkritischen Teile des zweiten Tagebuchs, sondern auch »Wilhelm Tell für die Schule« und die Seiten über »W.« in »Montauk« gehören. Umstrittene Texte – weil man sich über Frischs Tendenz gegenüber politischer Lage, historischem Stoff, persönlichen Verhältnissen uneins, und je wieder anders uneins ist; und weil die »rein literarische« Bewertung dieser Arbeiten je nach dem Grad des Sachinteresses nicht möglich oder nicht ehrlich, dem Unbeteiligten vielleicht selbstverständlich, aber kaum ganz im Sinn des Verfassers ist. Halten wir uns an den eigenen Gesamteindruck (und etwas anderes bleibt wohl kaum übrig), so erscheint vieles, was Frisch in den Jahren um 1970 geschrieben hat, als Ausdruck einer Irritation, die von innen wie von außen und da noch von sehr verschiedenen Seiten einwirkte – auf ein Bewußtsein, das seine Übereinstimmung mit dem Allgemeinbefinden der Gesellschaft nicht immer spürte und sehr selten spüren ließ.

Was über diese Phase hinausweist und was ihr vorangeht, bedeutet uns mehr. Das erste Tagebuch, zwanzig Jahre älter und der Form nach viel weniger abwechslungsreich als das zweite, hat von seiner Lebendigkeit nichts verloren. Das Zusammenwirken von Wahrnehmung, Reflexion und Gestaltungsversuch ist nach wie vor beispielhaft; das Entstehen der »Andorra«-Idee, die Entwicklung des »Oederland«-Themas; das nachdenkliche Bauen an den Stücken, am Werk; das alles verbindende Selbstgespräch. Der Autor wendet sich nicht an den Leser (befragt ihn, belehrt ihn, bedrängt ihn nicht), er läßt ihn »nur« zuschauen bei seiner Arbeit, und seine Beobachtungen, auch seine Behelligungen verschweigt er ihm nicht. Ein Buch voller Unruhe, aber kein aufgeregtes Buch; und die Unruhe, so sehr sie einerseits aus vorübergehenden Anlässen herrührt, so sehr sie es anderseits mit den besondern Methodenproblemen des Dichters zu tun hat, sie bleibt bedenkenswert. Man soll es sich zweimal überlegen, ob man ein Buch »wichtig« nennen will; das erste Tagebuch von Max Frisch ist für die Nachkriegsliteratur wichtig geworden und lebt mit ihren Hauptwerken weiter.

Friedrich Dürrenmatt

Träume und Trümmer

Das Werk *»Stoffe«* verspricht eine *summa* der Existenz des Schriftstellers Dürrenmatt zu werden. »Die Welt der Erfahrung war klein, ein läppisches Dorf, nicht mehr, die Welt der Überlieferung war gewaltig, schwimmend in einem rätselhaften Kosmos, durchzogen von einer wilden Fabelwelt von Heldenkämpfen, umstellt von Geheimnissen, durchzuckt von Ahnungen, durch nichts zu überprüfen.« Und wie sich hinter einer engen Gegenwart die Tiefe der Zeit öffnet, so auch die Höhe des Raums über einem bescheidenen Stück Erdoberfläche: »Vom Dorf aus kannte ich die nähere Umgebung, ferner die nahe Stadt und einen Ferienkurort in den nahen Bergen, darüber hinaus einige Kilometer Schulreisen, das war alles, doch nach oben, in den Raum hinein, baute sich ein Gerüst von ungeheuerlichen Entfernungen auf...«

»Klein« und »nah«, das ist die Basis. »Gewaltig«, »rätselhaft«, »durchzuckt« und »ungeheuerlich«, so präsentiert sich von allen Seiten die Welt. Die Spannung kann man spüren oder denken; man kann sie im Kunstwerk verdichten und von ihm ausgehen lassen; auch kann man scheitern dabei. Ein Problem, und vielleicht ein zentrales, des Schriftstellers Dürrenmatt steckt darin, daß er die drohende Übermacht des räumlichen und des geschichtlichen Makrokosmos über das »hic et nunc« des menschlichen Daseins *denkt*, daß er ihr denkend – und auch: sich informierend – beizukommen sucht und erst dann, von der Reflexion her, zum Gleichnis und zur literarischen Form gelangt.

Er selber sagt einmal, daß er zur Sprache und nicht von der Sprache her komme; die Stoffe sind zuerst, die Behandlung folgt nach, und sie folgt nicht immer. Das ist eine der Wurzeln des Buches. Man findet ungeschriebene Werke darin – »Der Winterkrieg in Tibet«, »Mondfinsternis«, »Der Rebell« – und man kann sie da finden, weil es bei Dürrenmatt eine Vorstufe gibt: was zwar nicht geschrieben ist, existiert doch schon, und der Autor kann präliterarisch Rechenschaft geben von Figuren, von Situationen, vor allem von Themen, die er lange geplant und erwogen, zuletzt wieder aufgegeben hat.

Natürlich kann er das – für den Leser sinnvoll – nur deshalb, weil wir seine ausgeführten Werke *auch* haben. Eine Skizze wie »Der Rebell« soll im Unentschiedenen bleiben, ihr Fragment-Charakter hebt mit Absicht hervor, wieviele Erzählmöglichkeiten noch offen stehen; für eine müßte sich der Autor entscheiden, und das hat er nicht getan. Aber wir kennen die Möglichkeiten, deren er sich in anderen Fällen tatsächlich bedient hat, und so hängt der Text doch nicht einfach im Leeren, ein Stil-Horizont ist bezeichnet. Dies noch besonders bei der »Mondfinsternis«, einer Novellenskizze, deren Stoff im »Besuch der alten Dame« dann *die* Behandlung erfahren hat, für die der Verfasser tragikomischer Bühnenwerke vor allem bekannt ist.

Gerade hier aber zeigt der Vergleich, daß die bloße Inhaltsangabe – oder, wenn man so will, die Nacherzählung einer ungeschriebenen Erzählung – dem Schriftsteller, der vom Thema und vom Nachdenken über das Thema herkommt, in besonderer Weise entspricht. Er kann das *Modell* eines Vorgangs zeigen, indem er von Szenerie und Personen nur eben das festhält, was zur Parabel gehört, – nur das, was von der erzählten Geschichte zurückdeuten würde auf das gedachte Konzept. Der Leser erwartet *hier* nicht Gestalten, um die man herumgehen kann; es stört ihn nicht, daß er nur Teilansichten von menschlichen Figuren erkennt, – ihnen soll er entnehmen, was gemeint ist, nicht mehr.

Das Verfahren wird noch von einem andern Horizont her gesichert, von der Autobiographie. Hinter den Stoffen stehen Denk-Anstrengungen; und den, der sich anstrengt, den kann man sehen. Zwar bleibt auch, was Dürrenmatt über den eigenen Lebenslauf mitteilt, skizzenhaft; es genügt aber, damit aus bestimmten Grundspannungen – wie eben zwischen Dorf und Welt, oder zwischen Glaubenstradition und moderner Gesellschaft, Schule und Wirklichkeit – die Nötigung zur Reflexion nachfühlbar, der Weg zu Schlüsselthemen erkennbar wird. So läßt sich die Entstehung einer »Dramaturgie des Labyrinths« verfolgen; so wird der »Winterkrieg in Tibet« verständlich als ein geplanter Versuch, Linien der ideologischen und der Machtpolitik auszuziehen vom zweiten zu einem dritten Großen Krieg und über ihn hinaus zu letzten und allerletzten Formen der Selbstzerstörung.

Die Utopie wächst hier bruchlos aus militärisch-rhetorisch-politischen Eindrücken der Aktivdienstzeit heraus; getrieben von der Dämonie der Technik und der Menschenverwaltung eilt der nacherzählende Bericht aus dem Alltag in den Albtraum und von den Bruchstücken ahnender Wahrnehmung zu den Trümmern eines Planeten.

Nicht alles Erlebte ist zu Autobiographie, nicht aller Stoff zu Literatur geworden. Die Leser sollen das feststellen – Formen des Vorbehalts des Verfassers. Wenn sich zwei Wurzeln des Buchs in der Präexistenz der ungeschriebenen Werke Dürrenmatts und in seiner eigenen Existenz finden, so hat man wohl eine dritte in der je zugehörigen theoretischen Frage zu suchen: Wieviel Leben muß unerzählt, welcher Stoff muß unbearbeitet bleiben? Der Autor gibt uns die Theorie seines Vorbehalts in diesem ersten Band noch nicht preis, und wir wissen nicht, ob sie folgen wird. Wenn nicht, so wird man wohl selbst nachdenken, *dem* nach-denken müssen, was hier jedenfalls vorgedacht ist. Ohnehin bleiben die Grenzen des Sagbaren bis auf weiteres ein Thema. Dürrenmatts Buch gilt ihnen bald ausdrücklich, bald indirekt, es hält zwischen Erörterung und Gestaltung eine schwebende Mitte ein, die selber mehr Frage als Antwort und damit wohl ein Versprechen weiterer Aufschlüsse ist.

Das Gottmenschtier

Im ersten und (leider) immer noch einzigen Band der »Stoffe« berichtet Dürrenmatt über seine frühe, dann fortdauernde Beschäftigung mit dem Labyrinth. Mit einem Urbild und vieldeutigen Gleichnis; so vieldeutig ist es, daß man in ihm auch ein Gleichnis der Vieldeutigkeit sehen kann. Dürrenmatt geht (dort, in den »Stoffen«) mit der Mythologie noch spielerisch um. Die Abstammung des Minotaurus, der im Labyrinth gefangen ist, gibt Anlaß zu – Scherzen? Zu Entsetzen auch; wodurch den Scherzen etwas Theologisches anhaftet, auf das man bei Dürrenmatt durchaus gefaßt sein konnte.

»Individuum est ineffabile« – das unteilbare Einzelwesen ist ein Rätsel. »Habe ich Dir das Wort ›Individuum est ineffabile‹, woraus ich eine Welt ableite, schon geschrieben?« Goethe an Lavater, 1780. Aus dem Rätsel eine Welt: von da ist es auch zum Labyrinth nicht mehr weit; worin das Individuum, der unteilbare Einzelne, gefangen ist, uns und sich selbst ein Rätsel.

Die Mythologie gibt zwar vor, sie könne dieses Individuum, den Minotaurus, in Teile zerlegen. Soviel Tier, soviel Gott, soviel Mensch, je nach der Abstammungsversion, die man wählt. Doch die Analyse – Gegenstand eben von Scherzen mit theologischem Anflug – scheitert; sie muß scheitern, weil das Einzelwesen nicht in seinen Teilen, sondern im Zusammengehören der Teile besteht. Leib eines Menschen, Haupt eines Stieres, gewiß; aber Luft und Nahrung gehen durch beide, und ihr Leben kann nur das Leben des Ganzen sein. Dädalus hat das Labyrinth komponiert, nicht den Minotaurus – der freilich darin gefangen ist; so daß man sich fragen muß, ob das Gebilde denn mächtiger sein soll als das Geschöpf.

Thema einer »Ballade«, die Dürrenmatt mit eigenen Illustrationen veröffentlicht hat, – eines Prosatextes –, ist dieses Geschöpf, das rätselhafte in einem Irrgarten gefangene Individuum. Seine mythologische Ahnentafel kommt kaum mehr vor; auch die Frage, ob Minotaurus ein Mensch mit dem Haupt eines Stieres oder ein Stier mit dem Leib eines Menschen sei, wird nun nicht mehr erörtert. Theologische Scherze sind nicht beabsichtigt. Es geht allein noch um Leben und Tod dieses sehr einzelnen Wesens.

Seine Existenz beruht darauf, daß es allein ist und daß es dies nicht weiß. Die gläsernen Wände des Labyrinths spiegeln ihm andere Minotauren vor, Gefährten, mit denen es nicht in Berührung kommt, obschon sie mit ihm tanzen – oder doch tanzen wie es selbst – und obschon in dem Augenblick, da ein Mädchen sich zu ihm verirrt, andere, gleiche Mädchen sich zu den anderen verirren und bei ihnen so enden wie das eine bei ihm.

Der Minotaurus ist hilflos und wehrhaft zugleich. Hilflos, weil er nicht weiß, was eigentlich mit ihm ist; je länger er lebt, desto weniger kommt er dahinter. Wehrhaft, insofern er in der Lage ist, zu zerstören, was ihm begegnet. Nicht weil er das wollte, ihm wäre viel eher nach Spiel und Kameradschaft zumute; aber er hat da keine glückliche Hand. Sieben Jünglinge, sieben Jungfrauen, man erinnert sich, werden alle ins Labyrinth geschickt; er vernichtet sie alle (was vorgesehen war, draußen). Danach ist er wieder allein, oder – wenn man die Spiegelbilder als Gesellschaft ansehen will – einsam.

Und verwirrt, begreiflicherweise; was ist von solcher Umwelt zu halten; was mit ihr anzufangen … Doch schließlich erscheint ihm einer, von dem er – nicht zu Unrecht – die Erlösung erwartet; oder die Befreiung, vorausgesetzt, daß er das Labyrinth als Gefängnis erkannt hat. Die Erlösung, jedenfalls, aus der zweideutigen Gesellschaft der Spiegelbilder; denn der nun kommt, ahmt nicht mehr nur seine Bewegungen nach; er bringt eigene mit. Und der Minotaurus, nicht mehr wehrhaft (da ihm nun geholfen wird), sinkt Theseus, seinem Mörder, in die Arme. Ein Balladenschluß, tatsächlich.

Die Welt als Labyrinth: das liegt nahe. Als Gefängnis: ein christlicher Gedanke. Wobei der Kunst-Charakter des unentwirrbaren Irrgangs (»inextricabilis error«, Vergil) hervortritt; die »Welt« ist nicht so sehr Schöpfung, mit ihren Rätseln, wie eben Gebilde. Und da hinein ist das Geschöpf, ein Rätsel nun wirklich, gestoßen. Auf daß es sich seine falschen Erklärungen gebe für den ausweglosen Irrgarten (»irremeabilis error«, Vergil), in dem es gefangen ist.

Das Geschöpf ist von Spiegeln umgeben – eine sehr künstliche Einrichtung –, und es sieht, wie wir sagen würden, sich selbst; da es dies aber nicht weiß, würden wir besser sagen: es sieht einander. Jedenfalls hat es durchaus keinen Überblick; über das Gebilde nicht, also erst recht nicht über den eigenen Ort in ihm, oder über sonst irgend etwas. Gegenüber dem Höhlengleichnis des Platon (eine unvermeidliche Assoziation) bedeutet das Labyrinth-Gleichnis eine entschiedene Verschärfung; schon deshalb, weil ja die Höhle nicht konstruiert ist, um ihren Insassen den Überblick zu verwehren, sondern dem Einblick entspricht, den die Insassen nehmen können (in das Geschaffene).

Keinerlei Einblick dagegen – oder Ausblick, was das betrifft – für den Gefangenen im System des Herrn Dädalus, des Vaters der Technik. Er hält sich für viele andere, hält den einzigen andern für seinesgleichen; er ist von Rätseln umstellt, und wenn er sich selbst nicht zum Rätsel wird, dann nur, weil die Gabe der Introspektion ihm versagt bleibt. Dennoch liegt es an seiner eigenen Rätselhaftigkeit, daß er die Welt nicht enträtseln kann. Forschend als Mensch und Gott, aber unverständig als Tier; leidend als Tier und Mensch, aber unempfindlich als Gott; wehrhaft als Gott und Tier, aber hilflos als Mensch: Solange er dies unteilbare Wesen ist, muß wohl sein Leben und sein Tod dem Schattenspiel in einem dunklen Spiegel gleichen. In solcher Quintessenz faßt Dürrenmatt nicht nur sein lange fortgesponnenes Gedankenspiel, sondern auch eine weitverzweigte Denktradition mit ungewöhnlicher Kraft zusammen.

Gedanken über Kultur

Kultur als Leistung

Kultur: »die Gesamtheit dessen, was dem Menschen als solchem Ehre macht und geziemt« (Ranke). Zu dieser Gesamtheit gehört – wohl vor allem anderen –, daß das Land bebaut wird. Vorher war Jagd und Fischfang, und wir trieben das Vieh auf die Weide; doch es ist uns gesagt worden, das genüge nicht ganz.

Die Wegknechte, die in der Frühe aufbrechen, um den verschneiten Paß zwischen Hochtal und Unterland freizulegen, erbringen eine kulturelle Leistung (um das Wort, nur versuchsweise, einmal zu gebrauchen). Es geziemt uns und macht uns – »als solchen« – Ehre, daß wir überwinden, was Talschaften oder andere -schaften trennt.

Es ist aber damit zu rechnen, daß bei dem Wort »Kulturleistung« eher gemeint wird, es sitze einer am Montag in Frankfurt, am Dienstag in Mailand vor dem Konzertflügel und ein- oder zweitausend andere hörten und schauten zu, wie er spielt. Oder man sieht, wie Damen und Frauen vor einem langweiligen großen Gobelin stehen und sich zuraunen: »Welche Arbeit...!« Nach gängigem Sprachgebrauch gehören Gobelins – wie Klavierabende – zur Kultur; und in beiden Fällen ist Leistung erbracht und erwiesen.

Macht es dem Menschen *als solchem* Ehre, wenn er Klavier spielt oder Gobelins stickt? Was heißt: »Als solchem?«

»Oftmals, wenn wir zusammen auf der Zinne standen, bedachten wir, wieviel dazu gehört, damit das Korn geerntet und das Brot gebacken wird, und wohl auch dazu, daß der Geist in Sicherheit die Flügel regen kann« (Ernst Jünger). Wieviel dazu gehört – nicht: wie schwer es ist; nicht: wie gut es gemacht wird; um Qualität geht es später. Einfach dazu, daß sich Kultur aufbaut, einer lebensnotwendigen Ordnung nach, in der keine Stufe fehlen darf. »Erst kommt das Fressen, dann kommt die Moral«: Brecht meint – wie höhnisch auch immer – dasselbe.

Die Frage ist aber, wie und ob überhaupt dieser Stufenbau vorgegeben sei. »Was dem Menschen als solchem Ehre macht und geziemt« – »daß der Geist in Sicherheit die Flügel regen kann«: dergleichen paßt bruchlos zusammen, hat aber auch dieselbe idealistische Wurzel (wie noch der Spruch vom Fressen, dem die Moral folgt). Die Frage ist, ob wir den finalen Charakter der Kulturwerdung anerkennen. Hat Kain den Bruder erschlagen, *damit* wir zu unsern Gobelins und Klavierabenden kämen?

Historisch richtig ist nur, daß überall dort, wo sich Seßhaftigkeit und Ackerbau durchsetzten, dieser Vorgang eine Kultur-Möglichkeit von entscheidender Breite gestiftet hat. (Wer von Jäger- oder Nomadenkultur spricht, muß sich der ebenso entscheidenden Enge der Erscheinung bewußt sein; auch wenn ihm Nomadenteppiche besser gefallen als Gobelins.) Historisch richtig ist aber auch, daß unter manchem Himmelsstrich zwar das Korn geerntet, das Brot gebacken wird und wurde, ohne daß der Geist in Sicherheit seine Flügel regen kann oder konnte. Bleibt es da bei einer partiellen – einer potentiellen Kultur?

Die Gesamtheit dessen, was dem Menschen als solchem Ehre macht und geziemt. Die Gesamtheit: wir brauchen hier nicht Exegese zu treiben. Wir können verstehen, daß alles, was zu dieser Gesamtheit gehört, irgendwie Kultur sei. Wir können ebensogut verstehen, erst diese Gesamtheit sei die Kultur. Und der Unterschied zwischen den beiden Versionen ist gar nicht groß. Indem die erste hinter zahllosen Einzelerscheinungen – wie Gobelins oder Klavierspiel – ein Kulturganzes doch voraussetzt, nähert sie sich der zweiten: wie sollte denn Einzelnes und Zusammenhangloses dem Menschen als solchem Ehre machen?

Einzelnes – gewiß nicht. Aber *der* Einzelne mit dem, was er tut; dann, wenn (und deshalb, weil) der Einzelne nicht zusammenhanglos ist. Wir fragten, was das »als solchem« bedeuten solle; wir fragten nach der Möglichkeit partieller oder potentieller

Kultur. Der Antwort – den Antworten, wir zitierten verschiedene – des Idealismus ist zu entnehmen, daß »der Mensch als solcher« Zusammenhang hat. (Er kann fressen – im weitesten Sinn nun, unhöhnisch jetzt – als Zusammenhangloser; Moral haben nicht.) Wir erfahren ferner, die Kultur müsse ganz, müsse wirklich sein, damit der Einzelne sie, im Zusammenhang, leiste.

Aber wir fragten auch nach der Finalität: ob Abel – man darf variieren – den Tod erlitt, auf daß wir Konzert und Museum hätten. Natürlich sträubt sich etwas – gegen die Frage? gegen die Formulierung der Frage? In der Formulierung zum mindesten steckt der Zweifel, ob sich das alles gelohnt habe: die gewaltsame Entscheidung zuerst, die Mühen dann, das Graben und Spinnen. In der Frage selbst steckt der Zweifel, ob schon Kains Tat dem Menschen als solchem Ehre gemacht habe.

»...bedachten wir, wieviel dazu gehört«: auch hier, keine Exegese; ob die beiden auf ihrer Zinne bis zum Brudermord zurückdachten, bleibt offen. Jedenfalls dachten sie zuerst an das Brot und dann an den Geist. Und zwar ausdrücklich in dem Sinn, daß geerntetes Korn und gebackenes Brot noch nicht die Bewegungsfreiheit des Geistes sichern; sondern dazu bedarf es einer weiteren Anstrengung, es gehört auch dazu noch einmal »viel«.

Dieses »viele« läßt sich als kollektive, anonyme Gesamtleistung oder als Summe von – möglicherweise nennbaren – individuellen Leistungen auffassen. Damit sich die griechische Tragödiendichtung entfalten konnte, »mußte« zuerst Aischylos »kommen«, dann Sophokles, dann Euripides. Allerdings, die mußten kommen, damit *es* so und nicht anders *kam*. Man empfindet seit langem eine Literaturgeschichte als ungenügend, die gleichsam ihre Girlanden von einer »schöpferischen Gestalt« zur anderen zieht. Man hat es im 19. Jahrhundert als entscheidenden Fortschritt empfunden, als die Stilgeschichte an die Stelle der Künstlergeschichte trat: die allgemeinen Zeitumstände kamen so mit ins Bild. Schließlich ist man dazu übergegangen, die Künste, die Wissenschaften – und was etwa sonst noch »dem Menschen als solchem Ehre macht und geziemt« – von solch allgemeinen, besonders von gesellschaftlich-ökonomischen Umständen her zu begreifen.

So kann man es mindestens darstellen, wenn man seinerseits eine geistesgeschichtliche Vergröberung in Kauf nehmen will... Und wenn man sich des anhaltenden Interesses für Personen und persönliche Leistungen gleichzeitig bewußt bleibt. Es gibt noch heute die Künstlerbiographie, und sie mag desto populärer sein, je unbefangener sie sich auf das Persönliche konzentriert. Es gibt aber auch – und heute wohl mehr denn je – den Wunsch, Anonymes und Individuelles aufeinander bezogen zu sehen.

»Zeit und Mensch treten in eine große, geheimnisvolle Verrechnung« (Burckhardt). Wobei sich natürlich nicht klar Unterscheidbares gegenübersteht: die Zeit, die kaum anders faßbar oder auch meßbar wird als von der menschlichen Existenz her, wirkt in die menschliche Existenz fortwährend hinein. Die Verrechnung kann sich tatsächlich nur auf geheimnisvolle Weise vollziehen. Dergestalt, daß der »Beitrag«, den eine Person zu der eigenen geistigen Umwelt zu »leisten« scheint, bei näherem Hinsehen eher ein Beitrag des Zeitgeistes an sich selber ist. Oder so, daß die scheinbar unpersönliche »Signatur des Zeitalters« bei genauerer Untersuchung doch auf den Anstoß individuellen Wirkens zurückgeht. Solche kulturgeschichtliche Varianten bilden nur einen schmalen Ausschnitt aus der Mensch-Zeit-Dialektik.

Außer Zweifel steht freilich, daß es die völlige Anonymität der Kulturleistung, allem möglichen Anschein zum Trotz, niemals geben kann. Noch der letzte Taglöhner – eben der, dem Achill ohne Zögern den Ehrenplatz unter den Toten hätte abtreten mögen, um an seiner Stelle zu leben – *leistet* das *Seine*, damit das Korn geerntet wird. Entsprechend hätte man vor Jahrzehnten erklärt, daß selbst Goethe »nicht ohne Vorgänger« so hätte dichten können, wie er denn tat... Banal bis zur Unerträglichkeit, trifft diese Feststellung nicht einmal Wesentliches: die existentielle Basis literarischer Leistung ist nicht in der Literaturgeschichte zu finden.

Sondern zunächst eben darin, daß der Einzelne in einem Zusammenhang steht, den man ruhig »kulturell« nennen darf, wenn man darunter den menschlich bindenden, gesellschaftlichen Regeln folgenden Umgang und Austausch auf einer bestimmten Bildungshöhe versteht: eine Umschreibung, in der sich Persönliches mit Anonymem ununterscheidbar vermischt – wie es jedermanns Erfahrung entsprechen dürfte. Der Aufbau solchen Zusammenhangs gehört zu dem »vielen«, das der Bewegung des Geistes erst Sicherheit gibt.

Mit seiner genialen Übersetzung des »Voilà un homme!«, das Napoleon bei seinem Anblick aussprach: »Auch einer, der sich's hat sauer werden lassen«, bezeugt Goethe nicht nur die eigene Bescheidenheit (und die kaiserliche Wert-, das heißt Gleichschätzung), sondern in einem damit den kollektiven Aspekt aller Bemühung oder die lebens- und ordnungsnotwendige Solidarität derer, die *es* sich sauer werden lassen; wobei dieses »es« einer näheren Definition im Gesamtzusammenhang weltbürgerlicher Absichten nicht bedarf.

Was aber die »Vorgänger« betrifft, so teilt Goethe mit, daß er einem von ihnen – er meint Petrarca – die Gewohnheit abgeschaut habe, des Nachts ein ledernes Wams zu tragen, um seine Einfälle zwischen Schlaf und Wachen sogleich aufzeichnen zu können. (Schreiber dieses hat nie begriffen, warum man dafür ein ledernes Wams braucht; aber das tut nichts zur Sache.) Dies und der Umstand, daß der Dichter bisweilen die fast besinnungslos spontane Niederschrift seiner Verse nicht einmal durch das Zurechtlegen eines Blatts Papier stören mochte, erwähnt man gern, um zu zeigen, wie unpersönlich doch die Genese dessen sei, was man anderseits als einen festen Baustein im Gesamtwerk der nationalen oder der europäischen Literatur erachtet.

Die romantische Vorstellung, daß der Hauch des Genies genüge, um die Welt zu verändern oder sie wenigstens in ein neues Licht zu rücken (wobei dieser Unterschied zwischen objektiver Wirkung und subjektivem Eindruck bewußt überspielt, ja geleugnet wurde), hat freilich dazu geführt, daß die Geistesgeschichte bis in unser Jahrhundert hinein den Gesamtbau der

Künste gleichsam als »Haus aus Hauch« erscheinen und neben kulturellen Errungenschaften wie dem Eisenbahn- oder später dem Reaktorbau eine erheblich vagere Wirklichkeit annehmen ließ. Goethe hat sich in höheren Jahren mit Nachdruck gegen den von ihm selber begünstigten Mythos einer mühelosen Produktion aus Inspiration gewandt und das Handwerkliche des künstlerischen Schaffens hervorgehoben. Wie wenig man aber noch jetzt imstande oder geneigt ist, sich von solchem Metier einen Begriff zu machen, verrät die öffentliche »Kulturförderung« auf Schritt und Tritt.

Tatsächlich ist jene »Verrechnung« zwischen »Zeit und Mensch« nicht immer und überall gleich »geheimnisvoll«. Der Wegknecht, der am Morgen einen über Nacht verschneiten Paß freilegen hilft, befindet sich in einem klareren Verhältnis zu der Forderung des Tages als der Musiker, der sich gleichzeitig ans Klavier setzt in der Hoffnung, durch sein Üben zu Erfolg in großen Sälen zu gelangen. – Eine Frage des Nutzens? In dem Sinn, daß wir freie Straßen weniger gut entbehren können als Klavierabende... Oder eine Frage der Qualität? In dem Sinn, daß der Luxus einer musikalischen Ausbildung nur gerechtfertigt wird, wenn ein großer Meister aus ihr hervorgeht... Stellen wir fest: daß dergleichen von Unzähligen (wenn auch meist heimlich) geglaubt wird; daß kein Wort daran wahr ist; daß man nicht ganz leicht sagen kann, warum.

Zur Frage des Nutzens: es macht »dem Menschen *als solchem*« noch keine Ehre, daß er Schnee schaufelt oder daß er Klavier spielt; dem Individuum – je nachdem; woraus sich eine dritte, die Rechtfertigungsfrage ergibt. Ehre macht es uns, einen Gesamtzusammenhang zu erhalten, in dem Schnee geschaufelt *und* Klavier gespielt wird. Kultur bedeutet also gerade, den sichtbaren Nutzen übergehen zu lassen in die »geheimnisvolleren« Verrechnungen unseres Tuns mit der Zeit. Das leisten wir; das leisten wir uns.

Zur Frage der Qualität. Man hört sagen, es komme nur darauf an, daß einer sich alle Mühe gebe. Wie wenn es nicht darauf ankäme, daß einer *kann*; mit oder ohne Mühe. Indessen macht es dem Menschen als solchem keine Ehre und geziemt es ihm auch nicht, daß *alle* können. »...wieviel dazu gehört...«: das volle Gelingen gehört dazu und das radikale Scheitern und die Zwischenformen, in die sich der Einzelne finden mag; die Frage der Rechtfertigung vorbehalten. Kultur bedeutet also gerade, den großen Zusammenhang gelten zu lassen zwischen denen, die Ziele erreichen, und denen – es können dieselben sein –, die Ziele verfehlen. Das ist die Gesamtleistung.

Zur Rechtfertigungsfrage. Wir sagten: es können dieselben sein. Damit meinten wir nicht jene oft zitierten Naturforscher, die jahrelang etwas suchen, das sie nicht finden, und dabei unversehens etwas finden, das sie nicht suchten. Dem, der die Frage falsch stellt, geben freilich auch sie ein Rätsel auf: soll man sie am »ursprünglichen« oder am »zufälligen« Ziel ihrer Arbeit »messen«? Oder er brütet: wie mißt man den, der ein Ziel erreicht hat und ein anderes nicht? Es ist aber, was die Rechtfertigung angeht, zu sagen: daß wir sie nicht durch Messen (und nicht an den »Werken«) ermitteln können; daß wir sie, von der *Kultur* her gesehen, nur in den Blick bekommen, wenn wir nach dem Zusammenhang fragen. Denn allerdings gibt es eine Vereinzelung – schon in der Wahl des Ziels, oder im Abtreiben von noch verstehbaren Zielen –, die wohl bestehen mag vor einer höheren Instanz, die jedoch aus dem Rahmen des menschlich bindenden, gesellschaftlichen Regeln folgenden Umgangs und Austauschs hinausführt.

Gemessen wird, *in* diesem Rahmen, trotzdem der Erfolg. Hat ein Wissenschaftler über sein Institut hinaus Schule gemacht? Spricht man von einem Buch nach zehn Jahren noch? Hängen die Bilder eines Malers in den großen Museen? Leistung – Verdienst. Dazu dann die Rede vom »wahren« Verdienst, die mehr oder weniger klar voraussetzt, daß die falschen Forscher zu Ansehen, die falschen Bücher zu hohen Auflagen, die falschen Bilder in die Museen kommen. Hinter solchen Umwertungsversuchen lauert auch wieder die Vereinzelung: wenn mit der Legitimität eines Erfolgs auch die Legitimation *des* Erfolgs durch die Übereinkunft unter den Zeitgenossen geleugnet wird; wenn nur noch Erfolg haben dürfte, was fast niemandem einleuchtet.

Doch die Übereinkunft unter Zeitgenossen ist gleichzeitig weit davon entfernt, so etwas wie einen »Leistungs«-»Maßstab« zu bilden. Sehen wir von den Korrekturen ab, die jeweils die Nachwelt an zeitgenössischen Urteilen vornimmt – sie sind, ohne übrigens unfehlbar zu sein, immerhin beträchtlich. Die Übereinkunft ist schon von der Verschiedenheit der Motive her fraglich. Den guten Ruf eines Restaurants schaffen die Liebhaber eines geschmackvollen (oder auch eines geschmacklosen) Interieurs – oder gedämpfter Tafelmusik – oder guter Bedienung – oder einer bestimmten Art guten (?) Essens. Die Meinungsbildung, der eine kulturelle Drei-Sterne-Institution ihren Rang verdankt, ist nicht weniger kompliziert.

Wir können den, der uns ein Restaurant empfiehlt, nur fragen, was denn ihm daran gefällt. Wir können die Fama eines Institutleiters oder eines Schauspielregisseurs nur überprüfen, indem wir fragen, wem er was bietet. So tun sich die Skalen auf zwischen theoretischer und praktischer Schulung oder zwischen forschendem Spezialistentum und lehrender Popularisierung; zwischen gediegener Texttreue und eigenwilliger Neuschöpfung usw. Unsere Überprüfung ist ein Beurteilen von Urteilen. Das Kulturleben orientiert sich an solchen sich schichtweise überlagernden Evaluationen (während es wissenschaftlichen Wertungsversuchen nicht unmittelbar zugänglich ist).

Darum kennt es noch immer die merkwürdig altertümliche Kategorie des Ruhms. Daß der Name mit der Leistung verbunden bleibe, daß er nicht abgefiltert werde in die Anonymität, ist noch immer ein Wunsch vieler Sterblicher – und auch solche vollziehen ihn nach, die keinerlei Anspruch erheben, selbst für die Nachwelt namhaft zu sein. Eine mit religiöser Ergebung kaum vereinbare Art, sich dem Tod entgegenzustellen, drückt sich – ganz unbekümmert um die wachsende Rolle des Kollektivs auf sehr vielen Gebieten – in der Frage aus: Wer wird überleben? Die naheliegende Antwort: Niemand, teilt sich dem abendländischen Kulturbewußtsein nur langsam mit.

Vom Ruhmbegriff her wird die Frage der Finalität noch einmal akut. Wieviel »gehört dazu«, daß geschehen kann, was »dem Menschen als solchem Ehre macht und geziemt«? Gut, es wird nicht gesagt: was dem einzelnen »Kulturschaffenden« Ehre macht. Darauf kommt es anscheinend schon dem Idealismus nicht so sehr an. (Der Einzelne hat immer noch die Möglichkeit, beim Fressen zu bleiben oder zur Moral fortzuschreiten.) Aber jenes mit gutem Grund eingebaute »als solchem« trägt nicht beliebig weit. Der Gedanke schimmert doch durch, daß ein opfervoller Aufbau von der Primitivität bis zu höherer Bildung notwendig war, damit Dichter gekrönt und, mit Hilfe des Zufalls, Nobelpreise ausgeteilt würden. »Manche freilich müssen drunten sterben… Andern aber sind die Stühle gerichtet« (Hofmannsthal).

Die Verlängerung unseres Geschichtsbilds (mit Hilfe der Paläontologie) auf der einen, die Ausweitung unseres Gesellschaftsbilds auf der anderen Seite müßten derlei Ideen eigentlich überwinden helfen: Der Schöpfungsplan hat einen allgemeineren Zuschnitt angenommen; der Sinn des menschlichen Zusammenlebens wird verschiedenartiger definiert; die »Moral« fühlt sich – nicht ohne Grund – dem »Fressen« verschuldet, denn geziemt es dem Menschen und macht es ihm Ehre, Hungers zu sterben?

Das Kulturleben verdankt sich einem Entwurf, der nicht von ihm selber stammt und von dem man nicht sagen kann, daß er die einzelnen Phänomene, aus dem es sich zusammenzusetzen scheint, von jeher enthalte. Wir wären auch ohne Gobelins davongekommen und ohne Klavierabende. Aber so, wie wir uns nicht mit Jagd und Fischfang begnügen sollten, brauchten wir selbst über Korn und Brot hinaus noch, was »dazu gehört, damit der Geist in Sicherheit die Flügel regen kann«. Er regt sie nicht im luftleeren Raum; er regt sie im Medium menschlicher Leistung. Kultur wird *getan*: dort, wo der Einzelne aus dem Gefühl für das Ganze das Seine ins Werk setzt.

Konsum und Protest

Immer deutlicher wird, wie wenig das Publikum kultureller Veranstaltungen seine früheren Trägerfunktionen im Theater-, Kunst- und Musikleben ausübt und ausüben kann: wie der »Apparat« sich einerseits selbständig gemacht, berufsmäßig durchstrukturiert hat, und wie er anderseits in ein Abhängigkeitsverhältnis zum Staat getreten ist – zum Staat, der für ihn mehr oder weniger unmittelbar verantwortlich zeichnet gegenüber der Öffentlichkeit, eher als gegenüber »dem« Publikum, das sich nicht mehr als gesellschaftliche Einheit verkörpert.

Die Theater-, Museums-, Konzertbesucher sind zu Empfängern von Darbietungen geworden, die nicht mehr sie selbst zur eigenen Unterhaltung oder Belehrung ins Werk gesetzt haben, sondern die ihnen von besondern Kulturträgern präsentiert werden in einer Auswahl, die sich teils aus der Rücksicht auf ein bestimmtes Zielpublikum, teils aus dem künstlerischen Programm der Veranstalter, teils aus dem Kompromiß zwischen diesen beiden Momenten und den Urteilen, Anstößen der Presse ergibt; wobei sich die Presse ihrerseits zum Anwalt, sei es des »breiteren«, sei es eines spezielleren Publikums oder auch wiederum einer je eigenen künstlerischen Tendenz macht und bald durch direkten Einfluß, bald durch ihren »nuisance value« über die politischen Instanzen auf die Gestaltung des kulturellen Angebots einwirkt.

Damit müßte sich eigentlich ein Zustand hergestellt haben, der sowohl dem Schaffen wie auch der Wiedergabe, der Darbietung ein Höchstmaß an Freiheit gewährte. An Freiheit jedenfalls von gesellschaftlicher Bindung. Vorüber die Zeit, da ein weltlicher oder geistlicher Fürst entscheiden konnte, was gute Musik sei. Vorüber die Zeit, da künstlerisch interessierte Vertreter des

Bürgertums die Aufführung eines Theaterstücks durchsetzen oder verhindern konnten. Vorüber, oder beinahe, die Zeit der Zensurbehörden (außer in totalitären Staaten). Vorüber die Zeit, da kirchlicher Einspruch den gewollten und nicht den entgegengesetzten Effekt hatte. Vorüber also die Zeit der politischen oder der ideologischen Abhängigkeit des Kulturbetriebs?

Von frühen puritanischen Gemeinden Neuenglands wird berichtet, daß sie die Lieder im Sonntagsgottesdienst absichtlich mißtönend – sozusagen nasal verfremdet – gesungen hätten, damit nicht menschliche Sinnenfreude dem einzigen Zweck des Gotteslobs etwa Abbruch tue. Wahrhaftig ein außerkünstlerisch – religiös, gesellschaftlich – begründeter Eingriff in den Vollzug einer Kunst, wie immer die sich verstand. Außerkünstlerisch, ideologisch abgeleitet der Einspruch gegen das »Kulinarische« einer Kunstbegegnung, als wären wir es, die sich erfreuen sollten... Aber richtet sich dieser Mahnfinger nicht auch heute wieder, und heute erst recht, in die Höhe?

Die Theater-, Museums-, Konzertbesucher sind zu Empfängern geworden, zu »bloßen« Empfängern: zu Konsumenten, wie man das tadelnd nennt. Eigentlich merkwürdig: dafür, daß sich das Publikum jeden, oder fast jeden, direkten Einfluß auf kulturelle Programme hat nehmen lassen, wird es nun noch geschulmeistert. Es muß sich von Kritikern sagen lassen, daß es »versagt« habe, indem es einer Veranstaltung fernblieb, von der es sich wenig Genuß versprach, oder einer Veranstaltung zuströmte, um zu genießen... Tatsächlich sind es die Produzenten, die an den Konsumenten artikulierte Kritik üben; während die andere Seite ein stummes »Plebiszit mit den Füßen« an die Stelle der verantwortlichen Mitsprache setzt.

Freiheit der Kunst von gesellschaftlicher Bindung? Während Gesetze des Markts den Kulturbetrieb noch regieren oder in ihn hineinregieren? In der Vorstellung mancher Vertreter der Produktion hat die Lage sich eher noch zugespitzt: sie selbst sitzen dort, wo die fruchtbare Gärung im Gang ist, sie umringen gleichsam die Kelter – borniert sind die anderen, vielen im weiten Umkreis, die frühere Jahrgänge vorziehen. In der Tat, die Freiheit der Kunst ist so lange von Einschränkungen noch bedroht, wie unter leidlich gebildeten Konsumenten der Wunsch lebt, den »Tasso« (zum Beispiel) ungefähr so zu sehen, wie er geschrieben ist und gemeint war. Solch antiquierte Bedürfnisse durchzusetzen haben die Zuschauer keine Handhabe, kein Privilegium mehr; doch freilich, sie können sich in die Oper trollen und Sänger hören, die keine Verachtung der Lust bis jetzt zwingt, durch die Nase zu singen.

Die Kulturhistoriker späterer Zeiten werden vielleicht einmal finden, daß die Ideologisierung des Kunstbetriebs nie stärker geblüht hat als in der Zeit seiner größten institutionellen Sicherung. (Ähnlich, wie – nebenbei – die Kirchen kaum je ideologisch anfälliger waren als in der Zeit klerikalen Beamtentums.) Kritik am Publikum scheint allein noch übrig zu sein von der kulturpolitischen Auseinandersetzung neuer Tendenzen in Kunst, Theater, Musik mit dem Bildungsbürgertum, das zu Auswahl und Abwehr neigte und vorübergehend nicht nur neigte, sondern befugt war. Die teilweise wohl wirklich außerkünstlerisch begründeten Schranken, die es während einiger Jahrzehnte errichten konnte, halten nirgends mehr stand; aber sind sich Produzent und Empfänger darum näher gekommen? Eher sieht es so aus, als verschlössen sie sich einander erst recht: die einen in stumm selektivem Konsum, die anderen im Protest gegen solche Haltung – in einem Protest, von dem man nicht sagen kann, daß er frei sei von außerkünstlerischen Motiven.

Ritual und Alternative

Auf dem Podium steht einsam, groß und schwarz der Konzertflügel. Im Saal sitzen tausend oder zweitausend Menschen, schweigend oder in murmelndem Gespräch. Der berühmte Pianist kommt herein, die Menschen klatschen in die Hände; der Pianist macht eine Verbeugung, setzt sich an den Flügel, spielt eine Sonate; zwischen den Sätzen der Sonate wird gehustet, nach dem letzten Satz wird geklatscht, der Pianist steht auf, verbeugt sich und geht hinaus; es wird weiter geklatscht, der Pianist kommt wieder herein, verbeugt sich und geht wieder hinaus; wenn das Klatschen aufgehört hat, bleibt der Pianist eine Weile draußen, und die Menschen sitzen schweigend oder in gemurmeltem Gespräch; dann kommt der Pianist wieder herein, die Menschen klatschen wieder in die Hände, der Pianist verbeugt sich, setzt sich, spielt...

Wir beschreiben diesen Vorgang nicht, weil wir annähmen, daß er dem Leser neu oder irgendwie merkwürdig sei. Sondern weil er zu denen gehört, über die man nicht nachdenkt – bis man vielleicht einmal doch stutzt; sei es, daß jemand in spontaner Begeisterung nach dem ersten Sonatensatz applaudiert (statt zu husten) und durch ein Zischen zurechtgewiesen wird, der ahnungslose Banause; sei es, daß man sich plötzlich fragt, was einer wohl denken würde, der von weit her käme, räumlich oder zeitlich, mitten in ein solches Ritual hinein.

Und müßte er von weit her kommen? Auch in unseren Städten wird nicht jeder in das Publikum der klassischen Konzerte, der Oper, des Schauspiels hineingeboren, findet mancher sich unvorbereitet, fremd und befremdet mit dem Brauchtum des Kunstlebens konfrontiert – und mit den Überresten des gesellschaftlichen Rahmens, aus dem es stammt. Man muß nur eine

Schüleraufführung in einem Gymnasium besuchen, um zu sehen, was da aufeinandertrifft: die Imitation (es soll ganz wie im Schauspielhaus oder in der Tonhalle sein) und die unbefangene Manifestation eines Publikumsverhaltens aus anderen (ihrerseits ritenbildenden) Sphären. Anpassung und Stilbruch mischen sich im Auftreten jugendlicher Teilnehmer am Kulturbetrieb; während Erwachsene sich konform bis zur Festlichkeit zeigen oder dem Treiben den Rücken kehren.

Es ist kaum mehr selbstverständlich, daß man die traditionellen Formen des Kunstgenusses auf eine soziale Schicht oder Klasse beschränkt sieht – mit Ausnahme einiger weniger Festspielveranstaltungen, die den Besuchern einen fühlbaren Aufwand zumuten. Offenbar wird auch das Klassenspezifische, wenn überhaupt, eher im Stil als im Geld gewittert; von Geld ist erst die Rede, wenn der Staat es für den Stil zu reservieren scheint – aber tut er das?

Sicherlich spuken im Kopfe dessen, der im gegebenen Fall den Staat vertritt, Unterscheidungen herum; zwischen Kunst und – irgend etwas anderem; zwischen Kultur und – Dingen, die man, soviel er weiß, nicht zur Kultur rechnet. Es gibt da zum Beispiel die »bloße Unterhaltung«; die wird man ja wohl sich selbst überlassen dürfen. Aber dann gibt es auch Grauzonen: man sieht sich genötigt, den »künstlerisch wertvollen« Film auszusondern, das »hochstehende« Kabarett... Die Grauzonen fordern Qualitätsurteile heraus, die sich mit guten alten, gesellschaftlich etablierten Kategorien vermengen.

Musentempel oder Tingeltangel: so konnte man einst unterscheiden, in einem gar nicht langen, aber folgenreichen Zeitalter. Die Fürstenhöfe hatten wenig auf den Gegensatz zwischen Ernst und Unterhaltung gegeben; und die modernen Künste bekämpfen ihn seit dem Beginn dieses nicht mehr jungen Jahrhunderts. Er hielt sich aber, aus Gründen der Etikette: es war gut zu wissen, wohin man zwei Monate nach einem Todesfall wieder gehen konnte und wohin nicht. Und er hält sich noch: weil er in einem Teilbereich der Kultur vom Qualitätsurteil dispensiert. Es kann dem Staat gleichgültig sein, ob ein Klavierabend »künstlerisch wertvoll«, eine Inszenierung »hochstehend« sei; das ist ohnehin sicherer Boden. (Wenn man im Bereich der Wissenschaft auch so verführe?)

Das künstlerische Experiment, die kulturelle Alternative verlangen eine freie Erwägung des Gebotenen, des Geplanten, eine vorgreifende Einschätzung sogar dessen, was sich kaum planen läßt. Sie verlangen also nicht mehr und nichts anderes, als der traditionelle Kulturbetrieb auch verlangt – von Veranstaltern, die nicht auf ein unkritisches Publikum rechnen, und vom Publikum, wenn es noch oder wieder spontan auf die Qualität des ihm Angebotenen reagiert. Nur die formale, kategorische Einordnung muß nun vollends versagen. Ein Abt, den wir einst auf dem Athos besuchten, gab auf die Frage, wo denn die Klosterbibliothek sei, die ausweichende, aber knappe Antwort: »That's where the books are.« Die Auskunft, Kultur sei dort, wo sich jene bewußten Theater, Konzertsäle und Museen befänden, wäre nie statthaft gewesen; jetzt würde sie von der Wirklichkeit ganz bewußt abstrahieren.

Die heutige kulturelle Situation fordert also ein elastisches Verhalten – von allen Seiten. Durchaus unangemessen ist ihr die aggressive Intoleranz solcher Gruppen, die sich die etablierte Theater-, Musik- und Kunstszene als Reservat für »Besitz und Bildung« vorstellen (wollen). Die soziale Substanz verändert, erneuert sich unter dem Firnis von Ritualen wie dem oben beschriebenen; erneuert sich zwar nicht dadurch, daß die Veranstalter »andere Kreise ansprechen« als die ohnehin ansprechbaren; wohl aber dadurch, daß »künstlerisch Wertvolles« urteilsfähige Menschen aus allen Kreisen selbst dann anzieht, wenn es sich dort findet, wo man es üblicherweise vermutet.

Aber die übliche Vermutung genügt eben auch nicht mehr. Und den herkömmlichen Kunstinstituten wird der denkbar schlechteste Dienst erwiesen, wenn die Öffentlichkeit sie auf ein Monopol festlegt – ohne Ansehen ihrer vielleicht steigenden, vielleicht sinkenden Qualität – und damit sich selber festlegt auf die fragwürdig gewordenen Kategorien gesellschaftsfähiger und »anderer« Kunst. Was so zum »andern« gezählt wird, muß sich desto eher als »Alternative« verstehen und kann sich schwerlich ermuntert fühlen, durch Qualität statt durch Gegen-Rituale zu werben. – So käme es auch im Bereich des Kulturlebens sehr darauf an, daß Polarisierungen abgebaut und vermieden würden; doch hier wie anderswo scheint es noch an der Bereitschaft, jedenfalls an den entsprechenden Initiativen zu fehlen.

Jugend – Klasse – Kultur

Ist die Jugend eine Klasse?

Die Antwort scheint einfach. Junge Leute bilden eine »Altersklasse« kraft der Tatsache, daß sie einstweilen nicht älter sind, als sie sind. Aber die Gesamtheit künftiger Kleinbauern und Großunternehmer, Arbeiterinnen und Professorenwitwen, Chefbeamten und Zuhälter, Fürsorgerinnen und Sängerinnen – diese Gesamtheit ist, gesellschaftlich, keine Klasse. Sie zerfällt, nach Interessen und Voraussetzungen, in ebenso viele Klassen, wie es im Ganzen gibt; die Zahl steht schon längst nicht mehr fest, mag auch die Zweiteilung der Gesellschaft in Bürger und Proletarier bei veralteten Ideologen noch fortleben.

Aber ein differenzierter Zustand oder ein Differenzierungsprozeß ist teilweise darauf angewiesen, daß er anerkannt oder daß er bewußt vollzogen wird. Egalisierende Tendenzen können ihn stören, zumindest verschleiern. Wenn eine Altersklasse als *ein* Konsumbereich erfaßt wird, ob nun von Hosenfabrikanten, Schallplattenherstellern, Schlagerdichtern oder Wahlkandidaten, so ist die Wirkung vielleicht nur oberflächlich und ist doch suggestiv – vor allem nach außen hin, für die nicht »Angesprochenen«, nicht Zugehörigen. Denn das Angebot an die »Klasse« der Jungen ist zwar höchst vielfältig, trägt den verschiedensten Bedürfnissen Rechnung und kennzeichnet sich dennoch als ausschließend Jugend-bezogen.

Bedeutsamer sind Widerstände gegen die Differenzierung von innen heraus. Die Tatsache der Ungleichheit, weniger mit Bezug auf die Herkunft als auf das mutmaßliche Lebens- oder Berufsziel, die künftige »Position«, vermittelt den Eindruck des Vorgezeichneten, Kanalisierten, der unfreiwilligen Trennung. Gegenüber der festgelegten, »verwalteten« Welt empfiehlt sich das unzerstückelte Kollektiv der vorerst noch Uneingeordneten als ein Freiraum oder wenigstens als ein Ort der Offenheit. Daraus kann eine Art von Jugend-Klassenbewußtsein entstehen, für die Einzelnen provisorisch, da und dort kontinuitätsfähig, dies aber wiederum nur in einem bestimmten sozialen Rahmen, der zur Gesamtheit der Jungen keine reale Verbindung zuläßt.

Ist Kultur klassenbezogen?

Die Antwort scheint einfach. Die »gebildeten Stände«, an die sich das kulturelle Angebot ehedem richtete, lösen sich auf, aber der Bildungsanspruch, den es enthält, bleibt bestehen. Die Menschen, die eine Aufführung von »Wozzek« oder »Die lustige Witwe« besuchen, bilden keine Klasse, bilden auch nicht verschiedene Klassen je nachdem, ob sie Oper oder Operette bevorzugen, Oratorien hören oder Romane lesen. Wer Mühe hat mit Fremdsprachen, hält sich an Übersetzungen, wer mit Elgar nichts anfangen kann, geht in der Pause weg.

Wie war das mit dem Bildungsanspruch? Er ergibt sich aus der Sache, aber die Sache läßt sich durch Darbietung und Auswahl verändern oder – das Wort kehrt wieder – verschleiern. Es gab in Zürich vor Jahren einen sozialdemokratischen Gemeinderat, der ehrlich genug war, im Interesse seiner Wähler zu fordern, daß im Opernhaus (damals Stadttheater) weniger Tristan und mehr Zigeunerbaron gespielt werde. Solche Selbstdiskriminierung einer »ungebildeten« Klasse wäre heute kaum mehr denkbar und nicht mehr notwendig. Das Gefühl, von irgendeinem Bereich des Kulturlebens ausgeschlossen zu sein, hat sich verflüchtigt, zum Teil dank der All-round-Bedienung durch das Fernsehen, zum Teil durch kulturpolitische Vorsorge, die das Publikum aufwertet, indem sie das Durchschnittsniveau der Produktion senkt, und zum Teil durch eine Entmythologisierung des großen Repertoires, die bis zur Diffamierung oder zu gründlichen Entstellungen gehen kann.

Das kulturelle Angebot gilt also nicht (mehr) einer Klasse, es gilt im Gegenteil einer Gesellschaft, die als möglichst egalitär vorausgesetzt wird auf Kosten der unterscheidenden Ansprüche, die den vermittelten Werken doch innewohnen; und auf Kosten der Wirklichkeit. Denn der Jedermann, der überall »herzlich eingeladen« ist, findet sich nicht in ihr. Die ungezielte Wurfsendung ist für Niemand verbindlich, und dem Absender, der alles anbieten wollte, antwortet zuletzt nur noch der, der von allem genug hat.

Solche nun, die von allem genug haben, machen sich heute bemerkbar. Nicht nur im Kulturbereich. Aber die Opposition, die sie anmelden, gilt auch ihm. Die »Zürcher Unruhen« haben zum Beispiel mit dem Protest gegen einen Umbaukredit für das Opernhaus, also gegen die Förderung offizieller, etablierter Kunstpflege, angefangen. Gleichzeitig sind sie Jugend-Unruhen. Eine ihrer Stoßrichtungen kam einmal zum Ausdruck in dem merkwürdigen Satz: »Hört doch endlich auf, sinnvoll zu sein.« Diese Aufforderung war offenbar an die Erwachsenen gerichtet; sollte man sagen: an die Klasse der Erwachsenen? An die Verwalter der verwalteten Welt. Ihr Wortlaut scheint sich selbst zu bestätigen; er ist auf boshafte Weise sinn-los.

Trotzdem glaubt man zu spüren, was gemeint ist. Der Sinn einer Sache ergibt sich aus ihrem Zusammenhang. Sinnvoll ist die Sache, die zu einer anderen Sache paßt, die wieder zu einer anderen Sache paßt. Man spricht von Interdependenz – von der Notwendigkeit des Zueinanderpassens vieler Sachen, die man teilweise überblickt, deren weiteren Zusammenhang man oft nur ahnt und von denen man insgesamt annimmt, daß ihre gegenseitige Abhängigkeit so etwas wie ein System bildet, an dem man – sinnvollerweise – nichts ändern kann, ehe man sich darüber im klaren ist, was die Änderung »nach sich zieht«.

Unnötig zu sagen, daß dies keine philosophischen Auskünfte sind. Wir haben es nicht mit Lehren zu tun, sondern mit Stimmungen einer gesellschaftlichen Opposition, die einen Zug ins Totale aufweist. Die Interdependenz, die Verflochtenheit vieler, potentiell aller Momente des wirtschaftlich-staatlich-sozialen Lebens, wird ihrerseits als total empfunden: als totale Sinngebung. Das Unbehagen über einen solch geschlossenen Zusammenhang mündet in die gesamthafte Ablehnung eben der Sinnfülle, aus der er sich rechtfertigt.

Der Verdacht, daß der Sinn keinen Sinn habe, ist in der Kunst, in den Künsten keineswegs stumm geblieben. Er ist, ganz im

Gegenteil, etabliert, integriert und domestiziert – in seiner Kunst-Form. Er strahlt aber auch ins Agitatorische aus, und er strahlt aus in den kulturellen Freiraum, der von Jungen beansprucht wird, beansprucht freilich von manchen so, als sei doch auch er wieder zu betreuen, in einen Gesamtplan einzubeziehen, mit einem Wort: sinnvoll... Weniger leicht sind Verhaltens- und Ausdrucksformen des Sinn-Zweifels in der Rezeption zu verfolgen: im Kunsterlebnis der Jugend. Hier tut man wohl gut daran, Feststellbares zu registrieren, aber nicht zu generalisieren und die Kraft der Veränderung nicht zu unterschätzen, die allen Zweifeln zum Trotz fortwährend am Werk ist.

Feuilleton

Schreiben in einer Sprache

Was hat man eigentlich vor dem Turmbau, vor der babylonischen Verwirrung gesprochen und geschrieben? Einfach *Sprache*?

Es muß ein seltsamer Zustand gewesen sein. Man wurde auf Anhieb verstanden, wenn man in einer fremden Stadt nach dem Weg fragte; und auf Anhieb verstand man die Antwort. Die Aussicht, einen Abend lang Pehlevi reden zu müssen, verdarb keinem die Freude auf eine Party. Man brauchte kein Wörterbuch, um einer Reisebekannten dann und wann eine Karte zu schikken.

»Alle Welt hatte einerlei Sprache und einerlei Wort.« Bedeutet das auch, daß sich jedermann ganz gleich ausdrückte? Gab es gar keine Mißverständnisse? Oder nur solche, die davon herrühren, daß man verschieden denkt? Aber kann man verschieden denken, ohne verschieden zu sprechen?

Niemand wachte darüber, daß man Reden in alt-echter Mundart hielt; niemand darüber, daß man Aufsätze in dialektfreier Hochsprache abfaßte. Keine Fremdwörter schlichen sich ein, keine -ismen in Grammatik und Stil. Und man redete nicht aneinander vorbei: Beamte und Dichter, Fachleute und Politiker hatten »einerlei Wort«.

Gab es Witze? Erfuhr man den jähen Beleuchtungswechsel in einem Satz, oder zwischen Frage und Antwort, die plötzliche Entladung verborgenen Sinns, die Staunen und Heiterkeit weckt? Kam es vor, daß jemand »der Schuppen dort« sagte und einen Tempel neuerer Bauart meinte? Oder daß einer es »eher kühl« fand bei zwanzig Grad unter Null?

»Einerlei Sprache und einerlei Wort«: Man muß sich glänzend verstanden haben. Nein, nicht glänzend – das eben nicht. Ihren

Glanz gewinnt die Verständigung nicht aus gesicherter, sondern aus überraschender Gleichsprachigkeit. Erst als sich Reisende für die Unterhaltung am Lagerplatz eines gebrochenen Reichsaramäisch bedienen mußten, ging ihnen auf, was sich zwischen ihnen ereignete; was es heißt, über alle Trennung hinweg doch zu merken, was der andere meint.

Verstanden zu werden und zu verstehen war keine *Chance* vor dem Turmbau zu Babel; bevor wir zerstreut wurden in alle Länder. Es gab nichts zu erproben, zu verdeutlichen, zu variieren; kein besser oder schlechter gewähltes Wort. Wer weiß, wieviel damals überhaupt gesprochen wurde – vielleicht nur das Nötigste. Und wieviel Freude das Schreiben machte, in der Allerweltssprache.

Mühsam ist es freilich geworden seither. Wir nehmen das Wörterbuch, um einen englischen Brief zu schreiben. Wenn wir Glück haben, wird der Brief korrekt und verständlich, aber er wird nicht sehr englisch. Bis man die Fremdsprache idiomatisch »beherrscht« – welch ein weiter, wenn nicht endloser Weg. Oder bis ein Deutschschweizer neben der Muttersprache, die er spricht, auch die Vatersprache »beherrscht«, die er schreiben muß, wie der mittelalterliche Kleriker sein Latein... Wir »beherrschen« gar nichts, wir lassen im günstigen Fall die Sprache unser Denken beherrschen.

Denn mit der Verschiedenheit, die nach dem biblischen Mythos an die Stelle von »einerlei Wort« gesetzt wurde, ist auch die Vielheit der Denkformen zur Entfaltung gelangt. Es erwies sich nachher als schwierig, Griechisches anders als griechisch zu sagen. Bevor die »vulgaris eloquentia«, die Volkssprache der Italiener, literarischen Stand erreichte, gab es keine »Divina Commedia«. Eine jahrhundertelange Entwicklung der französischen Prosa spitzte sich zu in der »Recherche du temps perdu«. Die Übersetzungsversuche zeigen, daß keine andere Sprache ein solches Resultat nochmals hergibt.

Ob die Verwirrung von Babylon nicht eher Klärung genannt werden sollte? Erst was in *einer* Sprache geschrieben ist, unterscheidet sich. Erst wer vielerlei »Wort« gegenübersteht, kann sich vergleichen. Man liest einen Satz: »Je m'embarquais sur le sommeil d'Albertine.« Er hat nur aus *einer* Sprachgeschichte hervorgehen können. Aber der Klage um die verschwundene Freundin gibt Proust die Erinnerung an einen Traditionsbereich mit, aus dem mehr als eine Literatur schöpfen konnte: »Dirige nos...« Wir sind nicht nur zerstreut worden; wir hören voneinander.

Man kann seit dem Turmbau »seine« Sprache schreiben (die Sprache, der man gehört). Und man kann sich aushelfen: von Sprache zu Sprache, aber auch innerhalb, von einer Redeweise zur andern und im vergleichenden Austrag der Denkformen. Zeitweise einigt man sich auf gemeinsame Verständigungsmittel; doch die Grundlage allen Gesprächs ist, daß der andere anders das Seine sagt. Die Grundlage, wie sie die »Verwirrung« gelegt hat, mit der die Kultur begann.

Leserfragen

War Eurydike eine dumme Gans?

Man glaubt die Geschichte zu kennen. Orpheus, verzweifelt über den Tod der Gefährtin, dringt in die Unterwelt ein und erwirkt durch Gesang und Saitenspiel die Rückkehr Eurydikes; nur darf er nun, auf dem Weg ins Freie hinauf, die Geliebte nicht ansehen. Doch von Liebe bezwungen – einige sagen: aus Sorge, weil er den Schritt der noch kaum wieder Fleischgewordenen nicht vernimmt – blickt er sich um; so verliert er Eurydike wieder und endgültig.

Ranieri di Calzabigi wußte es besser; ob aus Eingebung oder auf Grund irgendwelcher Vorlagen, die wir nicht kennen? Jedenfalls, der dritte Akt seiner Oper – der Gluckschen Oper – beginnt damit, daß Eurydike sich beklagt, weil Orpheus ihren Blick flieht (so drückt sie sich aus), ihr Antlitz sei wohl verblüht? (sie drückt sich wirklich so aus), und er liebe sie nicht mehr, und »Ha, Verräter!« und »Entferne dich, Ungetreuer!« und so weiter – bis Orpheus sie anschaut, der rührende Mensch.

So wird unterstellt, daß Eurydike, eben erst aus dem Hades befreit, schon vergißt: dieser Mann hat als erster die Hölle betreten und hat ihren Schrecken getrotzt, hat sein Leben aufs Spiel gesetzt – doch vermutlich aus Liebe? Er hat auf sich genommen, was noch keiner gewagt, und ausgeführt, was noch niemand versucht hat – aber was hilft das (meint Calzabigi), eine Frau will eben, daß man sie anschaut; sonst ist sie beleidigt.

So wurden nicht nur antike Gestalten in Barockkostüme gesteckt; sondern der Mythos wurde auf Vorurteile, Klischees der Gesellschaft zurechtgeschnitten – mit dramaturgischem Gewinn, aber zum Schaden der innern Substanz. Und dank Glucks

Musik lebt Eurydike in einem Text fort, der sie zu einer – nun, zu einer Dame von beklagenswert geringer Einsicht macht.

Woher hatte Goethe…?

Oder, um beim andern Ende anzufangen: Thomas Mann, in »Joseph in Ägypten«, berichtet, wie Mut-em-enet – die Gemahlin des Potiphar – ihren Freundinnen einen Streich spielt. Einen »practical joke« im genauesten Sinn. Den Damen soll klar werden, was mit ihr los ist: daß sie sich nämlich in Joseph, den fremden Diener, verliebt hat. Und sie sollen zu spüren bekommen, mehr noch: sie sollen selber verraten, daß das auch ihnen passiert wäre. Mut stellt sich bloß, doch sie sorgt dafür, daß die andern sich gleichzeitig kompromittieren.

Zu diesem Zweck läßt sie Äpfel und unerhört scharfe Messerchen reichen – und Joseph hereinkommen. Die Damen starren den Jüngling an, und dabei schneiden sie sich in die Finger.

Der Erzähler gibt zu, daß »die uns nächste und würdigste Überlieferung« – er meint das erste Buch Mose – diese Episode nicht mitteilt. Bibelfestigkeit hilft uns also nicht weiter. Wohl aber die Koranfestigkeit eines Freundes. Zwölfte Sure, 32: »…schickte sie zu ihnen, sie zu einem Gastmahl einzuladen, und legte einer jeden ein Messer vor und sagte dann zu Joseph: ›Komm und zeig dich ihnen.‹ Als sie ihn nun sahen, da priesen sie ihn sehr und schnitten sich in die Hände.«

Goethe nun, in den »Wanderjahren«, erzählt von den »feurigen Blicken«, die der junge Felix über den Tisch hinweg der schönen Hersilie zuwirft. Sie reicht ihm einen Apfel, und er, »hastig zugreifend, fing sogleich zu schälen an; unverwandt aber nach der reizenden Nachbarin hinblickend schnitt er sich tief in den Daumen.«

Goethe kannte den Koran seit 1772; und da die Geschichte von den Äpfeln und den Messerchen auch in der persischen Lyrik vorkommt, wird sie ihm in der »Divan«-Zeit wieder begegnet sein. Auch erfährt Wilhelm Meister auf seine Frage nach der »Neigung des werten Mannes, überall Inschriften zu belieben«, daß Hersilies Oheim diese Lehrsätze »von den Orientalen genommen, die an allen Wänden die Sprüche des Korans mehr verehren als verstehen«. So ist auch hier die islamische Überlieferung gegenwärtig.

Und doch ist es möglich, daß Goethe das kleine Unglück, das Felix widerfährt und das auf ein größeres vorausdeuten soll, zu diesem Zweck einfach erfunden hat...

Warum hat Wronskij Zahnschmerzen?

Man erinnert sich: Unter gesellschaftlichem Druck – gesteigert durch die fromme Unbarmherzigkeit des Mannes, den sie verlassen hat –, unter Spannungen zwischen ihr selbst und ihrem Geliebten, der eine geordnete, angesehene Existenz vermißt und den sie mit Eifersucht quält, ist Anna Karenina zugrunde gegangen. Was sie sich in ihrer Verzweiflung wünschte: daß der Geliebte, Wronskij, nach ihrem Tod von Gewissensbissen gepeinigt werde, das tritt wirklich ein. Er habe fast den Verstand verloren, erzählt seine Mutter einem teilnehmenden Freund. Dann hat er nur noch *ein* Ziel: den Krieg, aus dem er nicht zurückkehren wird.

Es entspricht der Erwartung des Lesers, daß Wronskij – vor der Abfahrt, auf dem Bahnsteig – finster vor sich hin blickt, daß er einen langen Mantel und einen breitrandigen, schwarzen Hut trägt und daß seine gealterten, leiderfüllten Gesichtszüge wie versteinert aussehen. Aber außerdem hat er Zahnschmerzen, und auf sie war der Leser wohl nicht gefaßt. Warum muß jemand, der den Tod in der Schlacht sucht, auch noch Zahnschmerzen haben?

Es zeigt sich, daß ihn die Schmerzen bald daran hindern, in seine Worte den Ton zu legen, den er ihnen gern gäbe; bald läßt die alles überschattende Erinnerung an die Tote ihn auch sein Zahnweh für Augenblicke vergessen. Das geht so hin und her. Keine Ruhe für Wronskij; von keiner Seite.

Ob sich Tolstoi von der Sorge hat leiten lassen, daß Wronskijs Erscheinung ins Opernhafte geraten könnte, wenn sie allein noch Todesstimmung ausdrückte – bleich, finster, versteinert und schwarz verhüllt? Sie sollte dem Leben noch nicht ganz entrückt sein; aber es durfte doch auch nichts anderes als ein Schmerz sein, der sie ans Menschlich-Diesseitige band. Ähnlich vielleicht, wie Strauss und Hofmannsthal fürchteten, Mandryka könnte zur bloßen Lichtgestalt werden, ein Marlitt-Lohengrin, suchte Tolstoi das Vollkommene – hier aber: der Nachtgestalt – zu vermeiden; und schickte Wronskij mit Zahnschmerzen in den Tod.

Wenn Sainte-Beuve gewußt hätte...

Er hätte es sich zweimal überlegt. Doch als er schrieb: »...et Vigny, plus secret, / Comme en sa *tour d'ivoire* avant midi rentrait« – wie konnte er da wissen, welche Waffe er mit dem einen, dem allzu glücklich gewählten Wort »Elfenbeinturm« den Banausen ein für allemal in die Hand gab?

Der Elfenbeinturm der Wissenschaft, der Elfenbeinturm der Literatur... Und die rituelle Versicherung, daß der betreffende Forscher, der lobend erwähnte Dichter sich nicht darin aufhalte. Denn was er leiste, sei nicht etwa »l'art pour l'art« (auch davon hat man läuten hören – konnte aber Victor Cousin ahnen, daß seine Formel einst *gegen* die Idee einer sich selbst maß-gebenden Kunstübung herhalten würde?).

So werden Worte, die einen klar bestimmten, positiven Sinn hatten, zu Festredner-Munition. Gemeint war: ein Künstler, der ein Werk zu verwirklichen habe, müsse sich ganz auf die Formgesetze einstellen können, die für diese Arbeit – und naturgemäß *nur* für sie – gälten. Er müsse sich abschirmen können; und genauso der Wissenschaftler. Sogar der Staatsmann, wenn wir dem Machiavelli glauben, kann sich nicht auch noch um Seiden- oder Wollweberei kümmern...

Nun gehört dazu – nämlich zu den »Elfenbeintürmen« der Konzentration auf eigene, eigenste Aufgaben – etwas, das ehedem fraglos gegeben war: eine Gesellschaft, die weiß, daß mehr oder weniger alles, was in solchen Türmen entsteht, *für sie,* für die Gesellschaft, entsteht. Oder umgekehrt, die Insassen solcher Türme haben (noch) keinen Anlaß, beweisen zu wollen, daß sie an einem Beitrag zum kulturell-sozialen Ganzen arbeiten; denn das versteht sich von selbst.

Um diese Selbstverständlichkeit ist es seit langem geschehen.

Die Misere, die auf ihren Zusammenbruch folgte, hat Julien Benda schon 1927 in seinem großen Essay »La trahison des clercs« dargestellt. Nichts ist bezeichnender als die Tatsache, daß Benda immer wieder zitiert wird, als hätte er mit dem »Verrat der Intellektuellen« eine Abwendung von der Gesellschaft und damit einen »Rückzug in den Elfenbeinturm« kritisieren wollen. Das Gegenteil ist der Fall.

Was er kritisiert, wird heute »Engagement« genannt und besteht meistens in einem Ausweichen vor *dem* Engagement, mit dem einer in der Gesellschaft und für die Gesellschaft – allein wäre. Was Benda »Verrat« nannte, ist die Preisgabe einer eigengesetzlichen Arbeits- und Lebensweise zugunsten eines (angeblichen, illusorischen) Dabeiseins. Damit gesagt werde: der komponiert zwar, aber seine Musik ist für ihn nur ein Mittel, »die Strukturen zu verändern« (oder so ähnlich); und übrigens hat er auch in den letzten Regionalwahlen kandidiert.

Man kann es auch Ideologisierung nennen, wenn man den oft doppelt unbewußten Charakter des Vorgangs dabei berücksichtigt: Weder der Banause, der den Künstler oder den Forscher als unmittelbar »nützliches Glied« der Gesellschaft sehen, noch auch der Intellektuelle, der die politisch-soziale »Relevanz« seiner Tätigkeit zeigen möchte, zielt mit voller und klarer Absicht auf die Korruption kulturellen Schaffens, sei es durch die Privilegierung seiner »Wirklichkeitsnähe«, sei es durch seine Anpassung an die Auswahlprinzipien einer journalistisch sekundierten Gesinnungsmafia.

Aber ob bewußt oder nicht: die Aufforderung, den »Elfenbeinturm« zu verlassen und nicht »l'art pour l'art« zu betreiben, ist im Kern totalitär. Mit Redensarten fängt es an, und beim »sozialistischen Realismus« kann es enden. Die Alternative? Vermehrt wieder glaubhaft zu machen, daß niemand sich ausschließt, der unbeirrt bei der Sache, bei *seiner* Sache bleibt. Das wäre Kulturpolitik in einer Gesellschaftsordnung, die den Namen »liberal« noch verdiente. Sainte-Beuve scheint sie sich so vorgestellt zu haben.

Der stumme Blick der Wörter

Es ist eine Frage des Selbstvertrauens. Vom Sonnenstrand zurückgekehrt, gebräunt und ausgeruht und seiner Sache sicher setzt sich einer hin und schreibt: »eine Lanze brechen«. Zum Beispiel. Oder er schreibt: »die Kehrseite der Medaille«. Oder schreibt: »auf die Goldwaage legen?« Zum Beispiel.

Des Selbstvertrauens. Genauer gesagt, des Vertrauens in die eigene Übereinstimmung mit anerkannter Rede- und Schreibweise. Man sagt: »eine Lanze brechen«; darüber, daß man so sagt, besteht ein Konsens, und wer an ihm teilhat, vertraut darauf, daß er jederzeit sagen kann: »eine Lanze brechen«.

Ist es unerschütterlich, dieses Vertrauen? Bei vielen, ja. Und warum denn nicht? würden sie fragen. Wir können doch nicht jede Lanze auf die Goldwaage legen? Da wäre es bald einmal (»bald einmal« sagen sie) aus mit dem Schreiben. Allerdings; das ist die Kehrseite der Medaille.

Der Sonnenstrand rückt in die Ferne, und die Bräune schwindet; und man sitzt und schreibt: »ergriff die Flucht«. Ergriff: man blickt auf das Wort, und das Wort blickt zurück: ergriff? Ist Flucht etwas, daß man ergreifen kann? Man ergreift sie und läuft mit ihr fort? Speranzen, denkt der Schreiber; doch er streicht das Geschriebene und ersetzt es durch »floh«.

»Ist Berufung auf das Sprachgefühl berechtigt?« lautete eine Preisfrage der Deutschen Akademie. Das Sprachgefühl als Berufungsinstanz – gegenüber dem Sprachgebrauch? Oder umgekehrt? Das ist hier die Frage. Aber die Vorfragen sind: welcher Gebrauch? und woher das Gefühl? Bei irgendeiner Festlichkeit tritt einer auf und dankt für ein »Erscheinen«, das er »zahlreich«

nennt. Der Sprachgebrauch kann purer Unsinn sein; darum geht es hier nicht.

Das Sprachgefühl ist am Sprachgebrauch orientiert, und der Gebrauch – am Gefühl? Eine Wechselwirkung anzunehmen liegt nahe, hilft aber nicht weit, solang man nicht sieht, wie der Wechsel wirkt. Der »lanzenbrechende« Schreiber folgt einem Gebrauchsgefühl; ihm ist wohl, wenn er spürt, daß ihm je nach Fall oder Lage das zugehörige, das gehörige Wort – einfällt? nicht doch – »in die Feder fließt«.

Ein anderer mag im Gegenteil den Gefühlsgebrauch anstreben, der von Konventionen nichts weiß (und natürlich doch weiß, aber hartnäckig leugnet) und ein kritisch in sich gekehrtes Schreiben begünstigt. Keine abgenützten Wendungen – was leicht gesagt und nicht einmal schwer getan ist; doch die Gefahr der Abnützung kann sich auch im Diktat eines Sprachgefühls zeigen, das oft wieder gleich reagieren wird.

Wo das Selbstvertrauen aufhört, beginnen die Anführungsstriche. Das Sprachgefühl bequemt sich dem Sprachgebrauch, aber der muß Ironie in Kauf nehmen. Die *expression faite* läßt sich wieder verwenden, wenn sie dem Schreiber – was ausstellt? das Zeugnis; wenn sie ihm »das Zeugnis ausstellt«, daß er das stilistische Versatzstück erkannt hat. Ein Notbehelf, der zur Marotte werden kann.

Was aber kann schließlich *nicht* zur Marotte werden? Die Vorsicht. Ramuz, in »Derborance«, läßt einen Mann auftauchen, unter dem Berg hervor, der eingestürzt ist, und der Mann »hat in der Tasche eine alte Brotkruste gefunden...; nun hält er die Kruste mit beiden Händen, und mit den Zähnen« –? Man suche das rechte Wort: Was tut der Mann, was tun seine Zähne? »...mit den Zähnen macht er ein Geräusch...« sagt Ramuz. Soviel ist sicher, und es genügt zur Verständigung. Der Leser weiß, wie es tönt, wenn einer auf hartes Brot beißt.

Man schreibt ein Wort und schaut es an, und manchmal blickt es zurück. Wörter sind stumm, paradoxerweise. Aber sie haben eine Art, ihren Schreiber anzuschauen, vor allem wenn der seiner Sache nicht gar so sicher ist... Wenn ein Wort so zurückblickt, streicht man es besser.

Nachdenken über den Anonymus

Vor einem Jahr kam ein Brief, in welchem erklärt wurde, es fehle der Redaktion an Mut: sie hätte sonst den und den Text eines prominenten Verfassers zurückgewiesen, statt ihn im Feuilleton abzudrucken. Der Brief war unterzeichnet mit den Buchstaben XY.

Ein Jahr ist lang; lang genug jedenfalls, daß man alle möglichen Briefe vergißt. Warum hat sich gerade der dieses Herrn XY im Gedächtnis erhalten? Zunächst wegen der Belustigung, die er auslöste: jemand, der einem Feigheit vorwirft, traut sich nicht, seinen Namen zu nennen. (Traut er sich nicht?)

Dann aber hat sich die Antwort, die man dem Mann hätte geben können, der Erinnerung eingeprägt; oder die Fragen, die man ihm gern gestellt hätte, bleiben präsent: Sind Sie denn ganz so sicher, daß der Text, den wir abgedruckt haben, nichts taugt? Welche Nachteile wären der Redaktion oder einem Redakteur denn erwachsen, wenn wir den Beitrag abgelehnt hätten? Fragen, die man seither vielleicht auch vergessen hätte – wäre man sie damals losgeworden.

Das könnte geradezu ein Motiv für das Schreiben anonymer Briefe sein: dem Empfänger soll die Antwort im Hals steckenbleiben, oder im Hirn; es soll ihn quälen, daß er nur sich selber sagen kann, was er ja ohnehin schon weiß. Ein raffiniertes Erzeugen von Unlust, von »Frustration«. Aber die wenigsten anonymen Briefe sehen nach Raffinement aus.

Andererseits genügt die Annahme, daß sich der Schreiber einfach nicht traue, mit Namen zu zeichnen, wohl längst nicht immer. Der Anonymus könnte uns jene Frage zurückgeben: was *er* denn riskieren würde, indem er sich nennte. Übrigens verhält es sich keineswegs so, daß anonyme Briefe grundsätzlich gröber wären als unterzeichnete; sie sind höchstens ein bißchen absurder.

Ein Schutz wird in Anspruch genommen, gewiß; doch in vielen Fällen wohl nicht so sehr für den Schreiber wie für das Geschriebene. Für den Schreiber, den freilich auch eine Empfindlichkeit anstiften mag: der Empfänger würde womöglich beschließen, seinen Brief ohne Antwort zu lassen; solcher Kränkung entzieht er sich, wenn er dafür sorgt, daß der andere gar nicht antworten *kann*.

Aber vor allem schützt er den Inhalt seines Briefes vor einer Antwort. Denn viele Behauptungen, Vorwürfe, Insinuationen würden sich auflösen, wenn der Schreiber erführe: die und die Annahme stimmt einfach nicht; oder: sobald man auch das noch weiß, sieht man, daß dies nicht so sein kann. Eine simple Information; und genau diese Information will er nicht bekommen.

Feigheit also wohl doch: aber eine Feigheit, die der anonyme Briefschreiber mit vielen andern Personen teilt. Eine Wasserscheu – wenn hier Wasser das Element bedeutet, das von Befangenheit, vorgefaßten Meinungen, unüberprüften Urteilen reinigt. Der Anonymus gehört zu den Menschen, die ungewaschenen Geistes durchs Leben gehen und die man auch bei persönlicher Begegnung erkennt, gesprächsweise, am Geruch.

Über das Lesen von Todesanzeigen

Nur in seltenen Fällen wird man den Tod eines Menschen, der einem nahegestanden hat, durch die Zeitung erfahren. Man wendet das Blatt, hinter dem die Todesanzeigen aufgereiht sind, nicht im Vorgefühl eines eigenen schweren Verlustes. Und doch im Gefühl eines Mitbetroffenseins, das verschiedenartige Wurzeln hat.

In der heutigen gesellschaftlichen Situation ist die Todesanzeige für den weitern Bekanntenkreis des Verstorbenen und seiner Angehörigen, zugleich aber für die »Allgemeinheit« bestimmt. Dieses »zugleich aber« mag sich in ländlichen oder in ausgesprochen kleinstädtischen Verhältnissen aufheben. Sonst ist die Regel, daß nur der kleinere Teil der schwarz umrandeten Namen »uns etwas sagt«.

Oder bewahren gerade die Todesanzeigen noch eine Erinnerung an den einheitlichen und geschlossenen Sozialkörper einer früheren Zeit? Vielleicht eine erste Erklärung dafür, daß sie uns nie ganz gleichgültig lassen: sie setzen einen Zusammenhang oder Zusammenhalt – der sich zwar nicht mehr verwirklicht – weiter voraus; der Leser fühlt sich zu einer Art von latenter Gesamtheit gerechnet; er soll Bescheid wissen, er gehört dazu.

Wenn wahr ist, was in vielen zeitkritischen Büchern steht: daß gegenwärtig das Sterben negiert und zu einer klinischen Geheimoperation gemacht werde (aber wie oft wird der äußere Ablauf ganz unweltanschaulich von Arbeitsbedingungen der technisierten Medizin und von häuslichem Personalmangel bestimmt?) – die Todesanzeigen spiegeln eine solche Erscheinung nicht. Der Abschied bleibt öffentlich; und die Folge gleichlautender Meldungen verschiedener Firmen gibt einem wirtschaftlich prominenten Verstorbenen das Geleit wie die Reihe der schwarzverhangenen – und oft leeren – Kutschen eines neapolitanischen Trauerzugs.

Doch die Aufmerksamkeit des Lesers hat tiefere Gründe als den undefinierbar gewordenen Gesellschaftsbezug jeder Todesnachricht. Und einen tiefer gelegenen Blickpunkt. Man versucht, durch das Gitter aus sozialen Daten – berufliche Stellung, Verwandtschaft, Religion – das Persönliche zu erkennen, das Einzelschicksal zu sehen. Man liest eine Zahl, und man denkt: »... das ist doch kein Alter, heutigentags...« Man stellt fest: drei Kinder hat er gehabt, das erste ist immerhin schon verheiratet; und seine Mutter lebt noch, sie muß freilich »hoch in den Achtzigern« sein...

Und hinter solchen banalen Wahrnehmungen vollzieht sich ein Miterleben, meist flüchtig, gedämpft, aber mit stärkerem Ausschlag, wenn uns das Echo einer Katastrophe, eines ganz und gar unzeitigen Einbruchs in – sei es auch fremde – Lebensumstände trifft, oder wenn uns ein Name doch »etwas sagt«; denn die Ränder des eigenen Lebenskreises sind fließend; und oft weckt eine Todesnachricht das lang vernachlässigte oder nie ganz geschärfte Bewußtsein einer Verbundenheit in uns auf.

Aber all dies erklärt noch immer nicht recht die komplexen Gefühle, mit denen man Kenntnis nimmt vom Verschwinden – Tag für Tag – einer Reihe von Zeitgenossen; mit denen man die Klischees der Mitteilung, auch der Trauer, des Trostes liest; oder die Versuche, solchen Klischees aus dem Weg zu gehen – Versuche, die ihrerseits wieder ein Stück Konvention sind und dem Zeitgeschmack unterliegen. Über der Stilkritik, die man unwillkürlich hier treibt, ertappt man sich wohl bei dem Wunsch, man möchte dereinst in der eigenen Todesanzeige nicht eben als »treubesorgt« tituliert werden.

Wir denken, mit einem Wort, an uns selber. Oder zumindest, wir vergessen nie völlig, daß es für diesmal, für heute wieder, vorläufig, Andere sind, deren Tod da gemeldet wird. Deshalb liegt in dem Grundgefühl, mit dem man solche Nachrichten liest, ein hintergründiger Widerspruch: man kann, genau genommen, nicht davon abstrahieren, daß man die Anderen, deren Tod man erfährt, überlebt hat; und nur durch Selbsttäuschung oder bei gründlichster Selbstverleugnung wird es gelingen, an diesem Umstand gar keinen Gefallen zu finden. Wenn wir aber ahnen wollen, daß uns selber ein paar Zeitgenossen überleben werden – das Lesen von Todesanzeigen kann uns auch dazu verhelfen.

Angenommen, jemand geht aus dem Haus...

Das ist eine leichte Rechnung: Angenommen, jemand geht aus dem Haus, um mit dem Wagen zur Arbeit zu fahren. Er merkt, daß er etwas vergessen hat, kehrt um, verliert eine Minute, steigt dann ins Auto, fährt los. Er kommt auf die Hauptstraße, dort rast ihm ein Fahrer entgegen, der einen Lastwagen überholt. Kein Bremsen, kein Ausweichen hilft mehr, sie prallen zusammen, der Mann ist tot. Wäre er vor der Abfahrt nicht nochmals ins Haus gegangen, das Unglück hätte sich nicht ereignet.

Ebenso einfach scheint das Folgende: Jemand fährt mit dem Wagen zum Flugplatz. Unterwegs bleibt er im Verkehr stecken, oder er gerät auf die falsche Autobahn, oder sein Benzintank ist plötzlich leer, kurz, er verspätet sich und verpaßt sein Flugzeug. Dieses Flugzeug explodiert in der Luft, und kein Insasse kommt mit dem Leben davon. Wäre der Mann nicht aufgehalten worden, er wäre mit Sicherheit tot.

Es ist also nicht schwer, ein Ereignis, das sich wirklich zugetragen hat, aus der Wirklichkeit herauszunehmen, indem man ein beliebiges Stück seiner Vorgeschichte entfernt. Man tut dabei gut, solch historische Bestandteile nicht als Ursachen zu verstehen. So einfach ist schon die erste Rechnung nicht, daß man sagen könnte, der Mann sei umgekommen, weil er vor der Abfahrt nochmals ins Haus gegangen sei. Es mußten ja auch der Lastwagenfahrer und der überholende Automobilist an dem Tag zu der und der Stunde und Minute abgefahren sein, damit das Unglück passieren konnte. Und all dies zusammengenommen oder noch weiter verfolgt, zurückverfolgt bis zu den Tagen, an denen sich Vater und Mutter jedes Beteiligten kennengelernt hatten, ergibt nicht die Ursache; die liegt nur im Entschluß eines Fahrers, den andern zu überholen.

Das zweite Beispiel ist ein Extremfall und läßt eine Rechnung als leicht erscheinen, die es unter gewöhnlichen Umständen keineswegs wäre. Angenommen, das Flugzeug sei nicht explodiert, so hätte der Mann, der es verpaßt hat, keinen Grund zu der Annahme, seine Verspätung habe ihm das Leben gerettet. Und doch – wer weiß? Er hätte, an seinem Reiseziel angekommen, noch am gleichen Abend überfallen, ausgeraubt, ermordet werden können...

Von einem Ereignis, das tatsächlich eingetreten ist, läßt sich also leicht sagen, unter welchen Umständen es nicht eingetreten wäre. Jemand ruft an, lädt zu einer voraussichtlich langweiligen Party ein, man hat keine Lust, man geht trotzdem hin und lernt seine künftige Frau kennen. Später sagt man, das sei an einem Faden gehangen; es hing aber an sehr vielen Fäden. Umgekehrt läßt sich von einem Ereignis, das *nicht* eingetreten ist, schwer sagen, unter welchen Umständen es eingetreten wäre. Selbst wenn zwei Personen nachträglich feststellen können: Wären wir beide zu der Party gegangen, wir hätten uns damals schon kennengelernt –, so bliebe noch offen, was oder wieviel dieses Kennenlernen zu jenem Zeitpunkt bedeutet hätte.

Wie verhält es sich mit Ereignissen, von denen man nicht einmal weiß, daß sie nicht eingetreten sind – daß sie hätten eintreten können? Der Mann, der ein Flugzeug verpaßt hat, und das Flugzeug ist explodiert –, der freilich weiß, daß er »davongekommen« ist. Aber der Mann, der am Morgen zur Arbeit fährt, und es begegnen ihm nacheinander ein Lastauto und ein schneller Wagen: der weiß nichts von dem Unglück, das passiert wäre, wenn er die beiden etwas später gekreuzt – oder eben nicht mehr gekreuzt hätte.

Gibt es Stufen der Irrealität? In dem Sinn, daß der Tod eines Mannes, der eine dann abgestürzte Maschine verpaßt hat, weniger unwirklich wäre als seine Heirat mit einer Frau, die er an dem und dem Abend hätte kennenlernen können? Man sollte doch glauben, es genüge die Unterscheidung zwischen dem, was geschehen, und all dem, was nicht geschehen ist. Sie genügt auch, für den Verstand; wobei sich der Verstand gleich noch weigern müßte, mit »all dem, was nicht geschehen ist«, überhaupt zu rechnen; denn »all dies« gibt es ja nicht.

Für Menschen, die nicht vom Verstand allein leben, gibt es das Ungeschehene auch: das Versäumte, von dem man weiß, dem man feste Konturen gibt – nicht die »richtigen«, nicht die »falschen« –, und die weitere, tiefere Traumwelt der Möglichkeiten, die wir gestreift haben, ohne sie wahrzunehmen. Es gibt die Gefahren, denen wir entgangen sind, ob wir es wußten oder nicht, und es gibt das Verhängnis, dem wir heute entgehen, ohne es zu ahnen. Oder sollte man Ahnung nennen, was den Ahnungslosen bestimmt?

Angenommen, jemand geht aus dem Haus, um mit dem Wagen zur Arbeit zu fahren. Er merkt, daß er etwas vergessen hat, doch er kehrt nicht um. Er läßt, was er mitnehmen wollte, zu Hause, steigt ins Auto, fährt los: weil es für diesmal so sein muß.

Zur Konjugation des Sterbens

Vor einiger Zeit hat einer in einer Zeitung den Satz zitiert: *Il n'y a pas la mort; il y a moi qui meurs.* Der Satz stammt von André Malraux, er steht in dem 1930 erschienenen Roman »La Voie royale« und wird gelegentlich als Formel für das existentialistische Lebensverständis angeführt. »Der Tod« als Abstraktion ist hier verneint; da bin nur ich, der stirbt (der ich sterbe).

Dem Schreiber, der Malraux' Satz zitiert hatte, begegnete danach folgendes. Er stieß beim Lesen auf einen anderen Satz, der in »La prisonnière« von Marcel Proust steht und sich nicht genau datieren läßt, aber vor 1922 geschrieben sein muß; 1923, ein Jahr nach Prousts Tod, ist der Band publiziert worden. Der Satz lautet: *Car nous disons la mort pour simplifier, mais il y en a presque autant que de personnes.*

Soll man sich über dieses *presque* Gedanken machen? »Der Tod« als »Vereinfachung«, gut; man sagt von verschiedensten Menschen, sie seien »vom Tod ereilt« worden; unter verschiedensten Umständen (»ereilt«, das stimmt ohnehin nicht immer). Setzt man dieser *simplification* jedoch entgegen, daß die Menschen ihren je eigenen Tod haben (»haben«?), warum soll dies dann nur für »fast« alle gelten?

Der Leser des Satzes beschloß, nicht spitzfindig oder nicht spitzfindiger als nötig zu sein und dem *presque* bloß zu entnehmen, daß Proust eben wirklich (noch) nicht dasselbe sagen wollte wie Malraux. Denn der Gedanke, daß da nur »ich bin, der stirbt«, ist mit keinem wie immer gearteten »fast« zu vereinbaren.

Immerhin bleibt bedenkenswert, daß die Aussage Prousts eine Personifizierung des Todes zumindest erschwert; wer mag sich vorstellen, daß zu »fast« jedem Menschen sein besonderer Knochenmann oder sein fackelsenkender Ephebe gesellt sei? – der alte Totentanz (und auch »wie die Alten den Tod gebildet«) sollte ja zeigen, daß es immer derselbe ist, der zu jedem kommt. Das Schwinden der Personifikation erscheint aber nun – in der Spannung zwischen den Sätzen von Proust und Malraux – als Vorstufe zum Abschied von der Abstraktion.

Dem Schreiber jenes Zitates widerfuhr aber noch etwas. Es wurde Einspruch erhoben – nicht gegen den Zitierenden, sondern gegen das Zitierte – mit dem Satz: *Il y a toi aussi qui meurs.* Und darüber mußte er sich allerdings Gedanken machen. Fürs erste zur Grammatik. »Da bist du, der stirbt.« In dieser Formulierung vollzieht sich ein rascher, aber nicht schmerzloser Übergang von der zweiten zur dritten Person: eben noch »bist du« es, nun aber »stirbt« – er (oder sie).

Ein Scheinproblem? – mühelos zu beseitigen durch zwei Hinweise: erstens, auch in dem Satz »Da bin ich, der stirbt« geschieht dieser Wechsel zur dritten Person; zweitens, man kann sagen »Da bist du, der du stirbst« (aber zu wem sagt man das schon), damit die zweite Person bewahrt wird, und ebenso kann man »ich, der ich« sagen, wenn man bei der ersten Person bleiben will. Beruhige sich, wer kann.

Tatsache ist, daß sich das Verbum »sterben« am leichtesten in die dritte Person setzen läßt. Jemand wird sterben – stirbt – ist gestorben: ob Feststellung, Angsttraum, Totenklage, an der Form gibt es nichts zu bezweifeln. Für die erste Person fallen Perfekt und Imperfekt (man kann wohl sagen: naturgemäß) weg, aber Zukunft und Gegenwart machen keine – grammatischen – Schwierigkeiten. Anders steht es um die zweite Person. Von den Vergangenheitsformen wird man hier nur in der Zwiesprache mit Verstorbenen dann und wann Gebrauch machen. Das Futurum hat seinen Ort in der geistlichen Mahnung (»Bedenke, daß du...«), und das Präsens bleibt auf zwischenmenschliche Extremsituationen beschränkt.

So scheint sich der Verdacht zu bestätigen, daß es mit dem Sterben der zweiten Person – des Du – eine eigentümlich prekäre Bewandtnis hat. »So bist du nun tot?« fragt Kurwenal den bewußtlosen Tristan, und wie ergreifend die Szene auch ist, die

Frage hört sich wunderlich an. »So ist *er* nun tot?« wäre weniger auffällig.

Worauf zielte der Einspruch dessen, der das *toi aussi* geltend machte gegenüber dem *moi qui meurs?* Gewiß nicht auf eine Ergänzung des Satzes von Malraux – gleichsam als wäre da etwas vergessen worden; als wäre es »fast« nur ich, der stirbt, und es gäbe ja immerhin noch den Andern, die Andern. Die gibt es gewiß – die Grammatik hat es uns seelenruhig bestätigt –, aber im Sinne des Satzes ist eben jeder von ihnen (und auch nicht nur »fast« jeder) »ich, der stirbt«.

Denn *il n'y a pas la mort,* das Abstraktum »Tod« wird negiert, und damit – in ihm – jene außermenschliche Macht, die uns sterben läßt: dich und mich. Sowie man aber vom Tod spricht, kommt eine Verbindung zustande, grammatisch ganz ungezwungen – zwischen dir und mir, die wir sterben (werden). So ist vielleicht jedes Du-Sagen ein Rückfall in die Metaphysik.

Reiseblätter

Ein Land mit vielen Gesichtern

Notizen aus Apulien

Die Stadt Maglie, südlich von Lecce, östlich von Gallipoli, ein ländliches Handelszentrum mit rund 15000 Einwohnern, weist die Attribute auf, die man von ihr erwartet: einen Kirchturm im regionalen Barockstil, eine baumbestandene Piazza del Municipio mit einem Palazzo aus dem 17. Jahrhundert, der außer der Stadtverwaltung die Biblioteca Comunale und ein Museo di Paleontologia (montags geschlossen) enthält; lebhaften Straßenverkehr, viele Kinder, gutaussehende Frauen, Männergruppen unter den Türen der Bars. Nichts fällt auf als der Umstand, daß die Todesanzeige von Aldo Moro noch unversehrt an den Mauern klebt. Er war von hier.

Wenige Tage vorher hatte man in Rom die trübseligste aller Gedenkstätten gesehen, die Stelle, an der das Auto mit dem ermordeten Staatsmann gefunden worden war. Und in Gesprächen war dort, in der Hauptstadt, die Sorge noch angeklungen, die das Verbrechen – sein technisches Gelingen, sein politisches Scheitern (aber wie war dieses Scheitern zu nutzen?) – der allgemeinen Krisenstimmung hinzugefügt hatte. Unterwegs waren andere Emotionen deutlicher sichtbar. Eine Ortschaft konnte gegen Abend ausgestorben sein, als wäre ein Ausgehverbot erlassen worden. Und innerhalb weniger Minuten die Straßen wieder gedrängt voller Wagen, Motorräder, Menschen, die sich in triumphierenden oder traurig-erbitterten Rufen und Reden ergingen: Italien hatte gewonnen oder verloren, in den Fußball-Weltmeisterschaften.

Ein altes Land. In der Gegend von Bisceglie wird man zu steinzeitlichen Heiligtümern, Dolmen, gewiesen. In den Museen wird attische und apulische Keramik gezeigt, das Schaffen einheimischer Meister des rotfigurigen Vasenbildes hebt sich von griechischen Vorbildern überzeugend ab. Römische Theater und Amphitheater gibt es in Lucera, in Lecce. Bei Canosa ist unter den Trümmern einer frühchristlichen Basilika ein Minerva-Tempel entdeckt worden. In dem Ort selbst steht man vor dem orientalisch-romanischen Grab des Kreuzfahrers Bohemund. Kathedralen zeugen für die Kontinuität von langobardischen bis in bourbonische Zeiten. Stadt- und Hafenbefestigungen lassen die Übergänge zwischen normannischer, staufischer, angiovinischer, aragonesischer Herrschaft teils erkennen, teils ahnen. Castel del Monte, das Jagdschloß Friedrichs II., ist ein gewaltiges Denkmal in einsamer Gegend.

Verlassene, verödende Gebiete wechseln mit noch oder wieder eifrig bewirtschafteten Landstrichen ab. Ungefähr mag das während Jahrhunderten so gewesen sein. Doch auf der Fahrt über leere Hauptstraßen und oleandergesäumte, aber wenig benützte Autobahnen prägt sich die Landflucht als Gegenwartsproblem ein; denn man erinnert sich zugleich an die Vorstädte von Neapel, wo unter den Zuwanderern aus dem Süden das Klima einer aufbegehrenden Enttäuschung jene kleine und halbgroße Kriminalität ausbrütet, der weder Politiker noch Polizisten gewachsen sind. Landflucht – und Stadtflucht: Man stößt auch auf frühere Wirtschaftszentren, die sich entvölkern, weil ihr Hafen nicht mehr konkurrenzfähig oder ihr Hinterland nicht mehr produktiv genug ist. Und man spürt die Wechselwirkung zwischen der Lebenstüchtigkeit eines Ortes und dem allgemeinen Niveau der Bewohner.

Grade der Rückständigkeit: Vorsicht... Den Abwehrgestus, mit dem sich in Otranto oder Lucera die Buben nur halb zum Scherz vor dem »bösen Blick« einer Kamera schützen, hat auch das frühere Staatsoberhaupt, Präsident Leone, ganz unwillkürlich vollführt, als Studenten in Pisa gegen ihn demonstrierten (sein Auftritt versank dann vollends in dem Tumult, den die ausgestreckten Finger – als »Hörner« gedeutet – hervorriefen). »Rückständiges« kann mit hineinwachsen in gesellschaftlich gültige Lebensformen. Doch so, wie zwei alte, zahnlose Männlein sich in Bisceglie kichernd dazu überreden, dem Malocchio des

Apparats zu trotzen; so, wie sich Neugier und derber Schalk, Mißtrauen und oft auch Haß auf den Fremden richten, so kommen Gefühle zum Ausdruck, die ein definitives Zurückbleiben und Vergessenwerden, eine Nie-mehr-Dazugehören zum Inhalt haben.

In der fast ganz verlassenen Höhlenstadt von Matera (die aber unter Denkmalschutz gestellt werden soll) übernehmen zwei Zehnjährige die Führung. Sie sagen abwechselnd einen Text auf, feierlich-ausdruckslos wie eine Litanei: Während Jahrhunderten hätten die Menschen hier hinter Häuserfassaden in Felslöchern vegetiert, Opfer des Schmutzes, der Krankheit. Dann aber sei ein Mann gekommen, der habe Togliatti geheißen. Er habe das fließende Wasser gebracht, die Toiletten, die Badewannen, und die Menschen hätten davon Gebrauch gemacht – bis auf die Badewannen –, und die meisten von ihnen seien nun weggezogen in richtige Häuser, und nur wenige hätten sich von ihren Höhlen und von ihren Tieren nicht trennen wollen. (Und man finde hier Versteinerungen, weil vor zweitausend Jahren ein großer Regen gekommen sei...) Der Polit-Kitsch einer solchen Legende sticht wenigstens von der eintönigen Agitation ab, die sich an den Hauswänden ablesen läßt; im Turnus werden hier Kommunisten, Faschisten und Polizisten als »assassini« geschmäht; nur einmal steht an einer Mauer, groß und lakonisch, das Wort »Duce«.

Der Retter oder Spender, der von außen kommt: man müßte das Motiv durch die apulische und, allgemeiner, durch die süditalienische Geschichte verfolgen; ganz so alt wie die Versteinerungen von Matera wird es nicht sein... aber alt genug. Und es lebt fort in der Rolle, die heute die Cassa per il Mezzogiorno, die inneritalienische Entwicklungshilfe und, natürlich, auch außeritalienische Investitionen spielen. Sie ist von, man möchte sagen, erschreckender Sichtbarkeit. Wo eine landwirtschaftliche Zone, eine neue Fabrikanlage oder eine kulturelle Unternehmung den zwingenden Impuls verrät, der die Dinge wirklich in Gang zu bringen vermag, da erkennt man erst, was in diesem Land nicht nur notwendig ist, sondern möglich wäre. Erschreckend ist aber der Gegensatz zwischen solchen Oasen und einem Normalzustand, in dem das Mögliche, oft selbst das Notwendige noch auf den Deus ex machina wartet.

Und blühende, volkreiche Städte – die gibt es auch. Bari: wo ein griechisches Element kluger Regsamkeit spürbar ist und die weißgetünchten Häuschen im alten Kern wieder auf ein attisches Vorbild zurückdeuten. In diesen Gassen ist man weit entfernt von der Mischung aus Leichtsinn und Lethargie, wie sie die Altstadt von Neapel beherrscht. Hier schauen nicht sieben zu, wenn einer arbeitet. Die Uscieri in den öffentlichen Gebäuden stehen nicht dutzendweise beisammen; der Drang zur staatlichen Versorgung scheint sich in den landesüblichen Grenzen zu halten. Bei dem Anschlag auf Moro hat dieser Drang, nebenbei, die gefährliche Seite gezeigt: Erkundigungen bei Angehörigen haben ergeben, daß seine Leibwächter sich als begünstigte Inhaber ruhiger Posten betrachteten.

Das wirtschaftliche und kulturelle Selbstbewußtsein einer Stadt überträgt sich auf die Haltung, die Sprechweise vieler Einzelner. Der Fremde stößt in Barletta oder in Bari weder auf Ablehnung noch auf Zudringlichkeit; damit ist aber die Grundvoraussetzung für den Tourismus gegeben. Was im Innern des Landes, etwa in der Gegend der »Trulli«, ein schüchterner Anfang und namentlich in der Basilicata ein frommer Wunsch ist, realisiert sich an der Adria und allmählich am Golf von Tarent: eine Ferienindustrie, die vergleichsweise saubere Strände und, neben sonst eher einfacher Kost, höchst eßbare Fische zu bieten hat; und Hotels, die – solange sie neu sind – nicht schlecht funktionieren. Der Fremde wird freilich ein wenig nachdenklich feststellen, daß Durchschnittsbewohner der Provinz Lecce in auffallend wohlerhaltenen, vorwiegend weißen Mercedes-Wagen durch die Ortschaften kreuzen (und wird nicht fragen, woher die kommen). Er wird in Gallipoli einen Wolkenkratzer betrachten, der dort zum Ruhm eines Unternehmers und zum Spott jeder Bauordnung über dem Hafen steht. Er wird und soll sich nicht »wie zu Hause« fühlen, wo sich die Rechtssicherheit immer wieder als sehr relativ erweist.

Wer einmal unten im »Absatz des Stiefels« angelangt ist, fühlt sich auch gründlich getrennt von Staats- und Gesellschaftsmustern, wie sie in Rom, in den großen Zeitungen, im Gespräch der politisch Besorgten sich ausprägen. Der Lokalpatriotismus einer Provinz, einer Stadt dominiert; nationale Fragen werden mit Schlagwörtern oder pathetisch-sentimentalen Formeln beschworen und abgetan. Der Staat, wo er nicht in persönliche Lebensverhältnisse eingreift, ist fern. Man sucht in der Heimat Moros keine besonderen Erklärungen dafür, daß der vom Tod bedrohte Parteiführer zu seiner Familie zurück wollte – daß er in einer Situation, welche tiefere Schichten zum Vorschein bringt, die höheren Interessen für blutlose Abstraktionen hielt.

Und noch eines muß man hier im Süden besser verstehen, als man wohl möchte. Daß die nationale Einigung vor 120 Jahren ein Ergebnis internationaler Politik und gleichsam vom europäischen Brückenkopf in Italien, von Piemont aus bewerkstelligt war: diese Überlegung ist für die Gedanken und Gefühle des Mezzogiorno wenig geeignet. Der größte Platz und eine breite Straße heißen in Tarent nach Garibaldi; eine Via oder Piazza Cavour zeigt der Stadtplan nicht. Die Außenwelt konkretisiert sich weniger in der EG als in der Schiffahrt; und die Mittelmeerpolitik Crispis oder Giolittis oder – hélas – Mussolinis lag dem »Volksempfinden« ohne Zweifel näher als De Gasperis Europapolitik.

Man fährt, man fährt kreuz und quer durch ein schönes und vielgestaltiges Land. Seine Probleme können einen das Fürchten lehren.

Rom, Spätherbst

An den Nebentisch hat sich ein Mann gesetzt, der »Exzellenz« genannt wird und den das höhere Personal des Restaurants nicht nur bedient, sondern auch mit Konversation zu erfreuen sucht. Die Exzellenz, kurzgeschnittenes Grauhaar, wenig Hals und viel Nacken, späht über den Teller hinweg zur gegenüberliegenden Wand; er antwortet, ohne den anderen anzusehen; seine Tischmanieren muß er sich kurz nach der Entwöhnung zugelegt haben. Er zeigt im Gespräch die vulgäre Schlagfertigkeit, die ein lachbereites Gefolge anzieht und differenziertere Köpfe fernhält.

Er fragt den Geschäftsführer, wie's denn so geht und steht, und da ereignet sich etwas Programmwidriges: Der Mann sagt nicht einfach »Nun ja, man muß zufrieden sein« oder »Ach Gott, Sie wissen ja«; sondern er gibt Auskunft. So und so haben sich die Fleischpreise entwickelt, mit unseren Preisen können wir da nicht nachziehen; dann die Miete; die Löhne, die Steuern; die Zahl der Gäste im Sommer und jetzt, wo der Winter kommt.

Nach den ersten Sätzen haben die Augen der Exzellenz zu wandern begonnen. Sein Eßtempo beschleunigt sich noch, er wird mit seiner zweiten Wachtel schneller fertig als der Geschäftsführer mit seiner Rechnung, also kann er ihn unterbrechen, er schiebt den Teller zurück, und nun spricht er, mit einem kurzen Blick auf den vor ihm Stehenden: »Lieber Freund, der Mensch von heute...« und es folgen die kultur- und sozialkritischen Platitüden der letzten Jahre. Der Mann aber hört ihm geduldig zu, ja, es kommt der Moment, da er glücklich zu lächeln beginnt; nicht weil »der Mensch von heute« ihm seine Preise in Ordnung bringt oder die Löhne, sondern weil die Exzellenz so lang mit ihm redet; er wird ihr einen Sambuco offerieren, auf Kosten des Hauses.

Nach der Piazza Navona, nach der Piazza di S. Maria in Trastevere ist auch der Platz vor dem Pantheon vom Verkehr befreit worden. Und auch hier hat sich ausgebreitet, was unsere Väter wahrscheinlich »Gesindel« genannt hätten; aber »das rechte Wort zur rechten Zeit« ist seither schwierig geworden. Der Gebildete würde an Piranesi denken, an die zerlumpten Staffagefiguren, die pathetisch gereckt oder hingelagert seine Szenen beleben (und die Ausmaße der gezeichneten Bauwerke zeigen). Der Gebildete sollte nicht zuviel denken. Jene Figuren leben vielleicht in Maronibratern und in ein paar Bettlern fort, nicht in den Gruppen, die sich ans Straßenpflaster oder an die Stufen über der Piazza di Spagna schmiegen und die – selbst wenn sie versilberte Ketten oder kunstlederne Gürtel verkaufen – so merkwürdig wenig *wollen*. Ihr einziges Ziel scheint die stille Verschmelzung mit Stein und Staub zu sein; schon wer sich auf einen Brunnenrand setzt, gehört nicht zu ihnen. Für den Außenstehenden – und das ist jeder Stehende – gleichen sie sich wie Chinesen für Europäer (und umgekehrt). Man schaut auf sie hinunter und ist nur dadurch schon in einer komischen, unsicheren Position; man schaut an sich selber herunter und sieht auch, daß nur schon die eigenen Kleidungsstücke es unmöglich machen, sich einzufügen, sich einzumischen in diese Runden und Knäuel rings auf dem Platz. Man weiß nicht, wer die sind; nie wird man sie kennenlernen.

In der Abenddämmerung tauchen am klaren Himmel, über dem langsam aufsteigenden Dunst, kreisende, ziehende, hin und her pendelnde Vogelschwärme auf. Je nach dem Winkel, aus dem man sie sieht, erscheinen sie bald als kompakte Kugeln, bald als leichteste Schleier, die hoch über der Stadt geschwungen werden, ein Stück weit keilförmig fortsegeln, zuletzt in der dunkelnden Nebelschicht niedergehen. Stare: sie kommen aus den Olivenpflanzungen der Campagna, sie sammeln sich über den Dächern und fallen in die Bäume der Parks und der breiteren Straßen ein; auf der Via Veneto übertönt ihr Gezwitscher den Stoßverkehr. Man sagt, sie brächten sich vor den Jägern in Sicherheit, die auf dem Land draußen öfter einander, aber noch lieber die Vögel totschießen. Ein Taxichauffeur, der sich hupend und fluchend seinen Weg zwischen den Kolonnen hindurch erzwingt, sagt mit der stillen Verzweiflung, in die man beim Anblick heilloser Narren verfällt: »Die kommen nach Rom, um sich auszuruhen...«

Aus Qualm und Schmutz und Lebensgefahr rettet man sich auf die Stufen vor einer Kirche. Hat man sie je schon betreten? Keine Ahnung, wie sie heißt. Das kühle, ruhige Dunkel, das man hinter der Tür vermutet, wirkt allein schon magnetisch. Da aber eine gut aussehende, gut gekleidete junge Frau in dem Augenblick über die Straße und in die Kirche eilt, kann man kaum anders als auch hineingehen. Ein barockes Interieur, wie es viele gibt, entfernt an S. Carlino von Borromini erinnernd. Mit Bewegungen, die eine gewisse Routine und große Ungeduld ahnen lassen, hat die Frau vor einem Seitenaltar eine Kerze angezündet und kniet nun, betend und ruhelos, um sehr bald wieder aufzuspringen; sie stopft etwas Kleingeld in einen Opferstock und läuft aus der Kirche. Der Seitenaltar ist der heiligen Rita geweiht; später im Lexikon nachschauen.

Die heilige Rita von Cascia, 1381–1457, die nach dem Tod ihres Mannes in ein umbrisches Kloster eintrat und sich mit ungewöhnlicher Härte kasteite, wird angerufen »pour les causes désespérées« (Larousse), mit »scheinbar unerfüllbaren Wünschen« (Brockhaus). Hoffen wir...

Es kommt der Punkt, an dem man eine Stadt zu gern hat, um von ihr begeistert zu sein. Nicht nur den Fremden geht man dann aus dem Weg, man beginnt sich auch vor den eingesessenen Enthusiasten zu fürchten, vor den »Deutschrömern« namentlich, die immer noch »auf den Spuren« der großen Reisenden, Kenner, Genießer unterwegs zu sein glauben. Sonnenuntergang auf der Via Appia – und ein paar hundert Meter weiter kann der Grundbesitzer entführt oder ein vierzehnjähriges Mädchen vergewaltigt werden: das ändert am Sonnenuntergang nichts, aber an der Stimmung von uns Leuten; die unentwegten Stimmungsrömer beginnt man zu hassen.

Am Abend treffen wir uns im Restaurant, eine der zufällig entstehenden Tischrunden, bei denen man Freunde von Freunden von Freunden kennenlernt. Lauter »Hiesige« (außer mir); alle auf Gedeih und Verderb verbunden mit dieser Stadt; alle besorgt, deprimiert und ratlos. Es wird viel gegessen und viel gelacht; freudlos beides. Man stecke in einem Tunnel, sagt einer, und sehe den Ausgang nicht. Das hat am Morgen jemand ganz anderer auch gesagt, und es steht in einer Zeitung am nächsten Tag. Offenbar stimmt es. Im einzelnen ist dann von der Lähmung der Wirtschaft die Rede, von der blockierten politischen Lage; vom Übermut der Ämter…

Spät brechen wir auf. Wohin noch? Früher zog man zu dieser Stunde aufs Kapitol und blickte zum Forum hinab, zum Kolosseum hinüber. Die Ewige Stadt… Augustinus hat nicht geglaubt, daß sie ewig sei. »Tun wir dem Gründer denn Unrecht, wenn wir sagen, Rom gehe unter, das Romulus gründete? Die Welt wird vergehen, die Gott gegründet hat. Doch was der Mensch gemacht hat, vergeht erst, wenn Gott es will; und auch was Gott gemacht hat, vergeht erst, wenn Gott es will. Wenn also Menschenwerk nicht zerfällt ohne Gottes Willen, wann könnte wohl Gottes Werk durch menschlichen Willen zerfallen? Und doch hat Gott dir die Welt so geschaffen, daß sie vergeht; und dich selbst, daß du sterben wirst…« Man kommt auf keine heiteren Gedanken in dieser Neumondnacht vor dem Restaurant. Einer winkt schließlich ein Taxi heran; so löst sich die Gruppe auf.

Umbrisches Auf und Ab

Frohe Weihnachten wünscht der Tankwart; es ist Ostermontag, und Perugia verschwindet hinter einem heftigen Schneetreiben. Drei Tage später stehen wir auf dem Turm des Municipio von Montefalco im Frühlingswind; von dieser Mitte aus sieht man ganz Umbrien, und man sieht, wie es unter der wiederkehrenden Sonne zu blühen, zu grünen beginnt. Auch das Städtchen hat sich verändert; nicht in drei Tagen, aber in dreißig Jahren. Damals schien es, als sei die Flucht nach den großen Zentren nicht aufzuhalten. Häuser standen zum Verkauf, deren Schönheit noch sichtbar und wiederherstellbar war; die Preise lächerlich tief, die Folgekosten wohl deutlich höher. Heute wird restauriert, in die größeren Palazzi sind Wohnungen eingebaut worden, erschwingliche von der Gemeinde, teure von Privaten; und die Rechnungen scheinen zu stimmen, fürs erste.

An anderen Orten geht die Landflucht weiter. Farfa, eines der ältesten Klöster, vorbenediktinischen Ursprungs und während Jahrhunderten in beherrschender Position an der Via Salaria, übrigens kaisertreu und unter dem Patronat der Orsini, steht in entvölkerter Umgebung; die Kapitale, deren nördlicher Vorposten es war, saugt nun die Kräfte ab, die es von außen trugen; und die inneren schwinden freilich auch; fünf Mönche leben noch in der großen Abtei, die Bibliothek gehört längst dem Staat, der sie schützen und ordnen läßt, und die Fresken im Querschiff der Kirche werden nicht aufgedeckt, bevor die zuständige Behörde das Geld und die Zeit dafür findet. Wer gerade von Assisi kommt, reibt sich die Augen. Dort das enervierende Gewimmel, hier die bedrückende Stille; dort existiert die Stadt dank der Kirche – derselben, sollte man meinen –, die hier zu verkümmern scheint. Dort die monumentale Anstrengung einer Institution, ihren gefährlichsten Erneuerer, den heiligen Franziskus, unter sich zu begraben; hier der Zerfall der nämlichen Institution, wo sie »nur« zu bewahren hatte – den Geist der Studien und die Kraft der Frömmigkeit.

Gegensätze; Wechsel und Wandel. An die Stelle der gemütlichen alten Hotels – nie sehr sauber, voll rührender Scheußlichkeiten – treten moderne Gastbetriebe von unterkühlter Geschmacklosigkeit (und die Dusche funktioniert auch nicht immer). Ganz ähnlich hat der Neoklerikalismus den roten Plüsch mit der skandinavischen Innenausstattung und auch sonst noch manches mit manchem vertauscht: Fortschritt... Sorgfältig muß man in Umbrien heute den Wanderern aus dem Weg gehen, den geführten Gruppen; frohgemut zwar fürbaß ziehend, lassen sie eine breite Spur von ungenießbarem Essen und unverschämter Bedienung zurück. Und meiden sollte man, wenn man könnte, die kommerzialisierten Sehenswürdigkeiten: die »Ungeheuer« im Park von Bomarzo, die auf Photographien soviel eindrücklicher sind als nach einem Parcours zwischen Bars und Verkaufsständen; die Wasserfälle von Terni, die Leopold Ranke bezauberten, als er an seinen »Päpsten« arbeitete, und die nur noch bei gutem Besuch, dann aber bengalisch beleuchtet herniederrauschen; oder Villa Lante, wo der Wärter keine Lust hat, die Brunnen fließen zu lassen: im wachsenden Wohlstand wird die Bestechlichkeit von der Faulheit bezwungen.

Ja, und dann wieder... der Ausblick, wenn man in irgendeinem Bergstädtchen den vier Meter breiten Corso Mazzini entlanggeht, und ein Quergäßchen scheint über Häuser und Mauern hinweg zu fernen Hügeln zu führen. Die Landschaftskulissen, die auf Verkündigungs-, Kreuzigungsbildern wiederkehren. Das Ineinandergreifen von Lebensraum, Heilsgeschehen und Kunst. In Sansepolcro, schon abseits des großen Touristenstroms, die Schutzmantelmadonna des Piero della Francesca, wo die Purpurakzente auf Gewändern und Büchern symbolische Hinweise und Kompositionselemente zugleich sind. Und das Auferstehungsbild; gibt es eine Studie über das Motiv der schlafenden Wächter? Aus mittäglichem Halbschlaf wird der Kustode der Friedhofskapelle bei Monterchio geklingelt, und dort ist man mit Piero della Francesca allein, vor der Madonna del Parto, die stolz und demütig unter einem Baldachin steht, in einem Kleid mit geöffneten Nähten, so nahe ist die Geburt des Herrn; zwei Engel, streng symmetrisch, halten mit triumphierendem Gestus die Vorhänge in die Höhe, kräftige und unverhohlen weibliche Gestalten mit den halb ländlich, halb städtisch anmutenden Gesichtern der umbrisch-toskanischen Jugend. Und in Arezzo, nun, da teilt man sich wieder mit Wandergruppen in den Anblick der Kreuzeslegende.

Ein hochgemuter Provinzialismus hat sich im Lauf der Jahrzehnte entwickelt. Bei kulturellen Veranstaltungen der früheren Nachkriegszeit war es die Regel, daß ein höherer, aber nicht *sehr* hoher Beamter aus Rom anreiste und etwas Unabwendbares über »questa nobile terra umbra« daherredete; die hier leben und arbeiten mußten, machten saure Gesichter dazu. Heute verfügt man über den Apparat und dank Perugina, Luisa Spagnoli, der Keramik von Deruta, den Maschinen von Terni, auch dank den Fremden über das Geld, um in eigener Regie die Zahl der Festspiele, Ausstellungen, Antiquitätenmessen, Kongresse, folkloristischen Anlässe alljährlich noch zu erhöhen. Auch in der Bemühung um Landschafts- und Kulturgüterschutz kommt die Region jetzt besser zum Zug, immer im zähen Kampf mit dem Zentralismus und mit wirtschaftlichen Interessen. Ein Selbstbewußtsein macht sich hier geltend, das gar nicht schlecht zu den stein- und bildgewordenen Manifestationen des Bürgerstolzes im umbrischen Spätmittelalter, in der beginnenden Renaissance paßt. Fragt man jedoch nach »der« Krise (des Landes, des Staats, der Gesellschaft...), so lautet die Antwort: Natürlich – die haben wir auch.

Besuch in Recanati

Die Leopardi besitzen und bewohnen noch jetzt den Palazzo, den der gelehrte und geschmackvolle Graf Monaldo sich bauen ließ, gegen Ende des 18. Jahrhunderts, an der Stelle des mittelalterlichen Gebäudes, dessen Torinschrift in das prunkvolle Treppenhaus eingefügt wurde. Man kann die Kammer nicht sehen, von deren Fenster der junge Giacomo über den Garten hinweg auf das Häuschen blickte, wo Nerina lebte und starb. Nur ein unteres Stockwerk wird dem Besucher geöffnet; hier betritt er das Reich, das Monaldo – vom Kustoden »il babbo« genannt, der Papa – sich geschaffen hatte: Zimmer an Zimmer die Bibliothek, der liebste Aufenthalt auch des Sohnes. Übrigens konnte er dort auf die Wohnung der Nachbarn hinüberschauen, wo Silvia aufwuchs.

Die Handschriften Leopardis werden hier aufbewahrt und Forschern zur Verfügung gehalten; und ausgestellt sind die frühesten Blätter, die dafür zeugen – aber man weiß es auch sonst –, daß das Kind schon nichts anderes tat und vorhatte als (wenn es einmal nicht las) zu schreiben. Nicht etwa Dichtungen; sondern Abhandlungen, inspiriert von antiken Schriftstellern und von religiöser, vulgärtheologischer Literatur. Autodidakt im Schatten des Vaters, zog Giacomo mit seinem Tischchen von einem Ende der Büchersammlung zum andern, je nach den Studien, auf die er sich warf. Man kann noch die Decke sehen, die er über die Knie legte; denn geheizt wurde nicht, und es konnte sehr kalt sein in Recanati.

Es war kalt, als wir nach Recanati kamen. Auf der Fahrt durch die Abruzzen hatte es geregnet, auf dem Heimweg durch Umbrien würde es schneien. Loreto, am Abend vorher, war leer und zum Winterschlaf offensichtlich bereit gewesen. Das Meer war vom »colle dell'infinito«, Leopardis geliebtem Aussichtspunkt, nur als hellgrauer Streifen zwischen einer durchhängenden Wolkendecke und dem naßdunklen Land zu erkennen. Durch den schönen Säulenhof des Gymnasiums, das nach dem Dichter benannt ist (er selber hat nie eine Schule besucht), ging der Wind nach allen vier Seiten. Die müßigen Türsteher des Palazzo Comunale bemühten sich, einen elektrischen Heizofen in Betrieb zu setzen. Auf den Spuren Leopardis war man allein.

Spuren? Genius loci? Ja und nein. Natürlich begreift man, daß es den kranken, mutlosen Mann immer wieder in das Städtchen zurückzog, das auf dem Hügelkamm zwischen Bergland und Adria sein strenges Spiel mit Steinwürfeln und Dachschrägen spielt; hinter die dicken Mauern des Vaterhauses zurück; in die dörfliche Stimmung am Saum des »natio borgo selvaggio«, wo die Kinder am Abend von den Feldern hereinkamen. Davon spürt man etwas; und bis zum Überdruß wird der Spaziergänger darauf gestoßen durch Tafeln mit Leopardi-Versen, die an passenden Stellen angebracht sind. – Doch die Impulse, die ihn aus Recanati hinaustrieben, die spürt man nicht: den verzweifelten Wunsch, sich in der Welt zu behaupten; die vergebliche Suche nach einem größeren Vaterland.

»Mein Vaterland! ich sehe noch die Mauern,
die Bögen, Säulen, Bilder und die festen Türme der Alten,
aber den Ruhm nicht mehr:
das Schwert, der Lorbeer haben sich nicht erhalten,
die unsere Väter trugen. Ohne Wehr,
das Haupt, die Brust entblößt seh' ich dich kauern.«

Der erste der *Canti*, »An Italien«, beginnt so; Leopardi hat ihn in Recanati geschrieben, aber die Verse stehen auf keiner Tafel. – Unvergeßliche Motive stammen aus dem Ort: die Nacht über dem Garten, das Hufgeklapper im Morgengrauen, die nahe und unerreichbare Mädchengestalt. Abstraktion und Formwille kommen aus anderen Quellen, aus dem Umgang mit literarischen Überlieferungen, aus der Einsamkeit des Denkens, aus der

Liebe zur Liebe mehr als zu Frauen. Man wandert durch das Städtchen, um das Städtchen: neue Motive, weniger ländlich als damals, vor 150 Jahren. Die Szenerie, nicht so unverändert wie die Landschaft vor dem viel älteren Petrarca-Haus in Arquà, wird Leopardis Welt schließlich kaum mehr spiegeln. Aber es bleibt uns das Werk. »Das, was vergänglich ist, bewahrt sein Lied.«

Die Agave auf dem Felsen

Eugenio Montale (1896–1981) verbindet, wie andere Lyriker mit ihm und vor ihm (Leopardi zum Beispiel), Landschaftsbilder mit Reflexion. In seinem ersten Gedichtzyklus – »Ossi di seppia«, »Tintenfischknochen« – evoziert er den Schauplatz seiner Kinderspiele und Knabenträume, die Cinque Terre. Auf den beschwerlichen Bergwegen über der ligurischen Küste, auf Fahrten durch die Buchten und an den Steilufern hin erkennt der Leser nicht nur den Anblick wieder, den ihm die Verse geweckt haben – das wäre nicht viel –, er findet sich auch in die Lebensstimmung, die dem Dichter aus der heimatlichen Szene zugewachsen ist.

Nur für Sekunden zeigt sich das Meer auf der Bahnfahrt von einer Ortschaft zur nächsten; wo eine offene Stelle im Tunnel dem Reisenden eine Handvoll Licht ins Gesicht wirft. Aus langem Dunkel erreicht der Zug dann ein Städtchen, halb Fischer-, halb Bergnest; steile Gassen, hochgebaute Häuser auf engem Raum, so zusammengeschlossen, daß sie sich ein befestigtes Ansehen geben. Und wieder hinein in den Berg – diese Reise assoziiert sich in Gedichten Montales mit Rückkehr; nach Monterosso, dem Hauptort seines früheren Lebens; aber auch mit der blinden Eile der menschlichen Existenz.

Meerwärts aus dem zerklüfteten Vorgebirge fließen die oft versickernden, dann wieder aufsprudelnden Bäche, von denen es einmal heißt, sie streuten Häuserreihen auf den Hang; und unterhalb solch prekärer Wohnstätten wird einer dünnen Erdschicht mit Mühe ein dunkelgelber Wein abgewonnen. Über weite Flächen hin bloße Rinnsale, die den Fels mit Buschwerk begrünen und mit den Agaven, deren melancholische Zähigkeit ein Motiv der Lyrik Montales ist. Rinnsale, gleichzeitig Standort des Schilfs und des Kleingetiers, mit dem die Buben ihre Jagdspiele treiben. Singvögel nur noch vereinzelt; aber vom Strand herauf das freudlose Lachen der Möwen.

Man muß sich von diesen Hängen die heute allgegenwärtigen Wandergruppen wegdenken, für die Jugendjahre des Dichters; so sind sie fast menschenleer, und in das Leben des Knaben fällt ein tiefer Kontrast: zwischen dem dichten Treiben in der Villa, wo Kinder mit Erwachsenen zweier Generationen, Familie und Gesinde, mit Hunden und Katzen beisammen sind, und der tiefen Einsamkeit, die nicht weit vom Hause beginnt. Einsam die Gänge zur Höhe hinauf, Stufe um Stufe bis zu den Kiefern-, den Eichenwäldern und ins Dunkel der Schluchten, in die Stille verlassener Steinbrüche; einsam die Uferwege, die schmalen Felsbänder über dem Meer, das Montale zugleich als vertraut und bedrohlich erlebt hat.

Bedrohlich in seiner Vertrautheit. Die Ruderpartie, die in Grotten führt und befreiend wieder heraus in die friedliche Helle eines Herbstnachmittags, ist doch ein Streifzug am Rand des Schreckens; der »Uralte«, wie ein Gedicht ihn anruft, der bald heimlich, bald offen grollende Dämon in seinen Wasserklüften, der längst Versunkenes in jähem Zorn auf den Strand wirft, er bleibt ein väterliches Feindbild; im Umgang mit seiner Hoheit treten Haß und Liebe nie dauerhaft auseinander. Ihm ist das Kind zu nahe gekommen, um ihn je wieder – um das Meer wieder unbefangen betrachten zu können.

Und doch schafft das Wasser auch erste Verbindungen mit einer weiteren Welt. Schiffe und Zugvögel kreuzen den Schein der Leuchttürme, und auf dem schmalen Küstensaum, dem sich das Festland so schwer erschließt, vollzieht sich ein Austausch, der die Ahnung anderer Ufer wachhält. In das inselhafte Dasein der Bewohner von Monterosso fallen die Namen von Häfen und Landzungen, Städten und fernen Berggipfeln ein; die Namen werden zu Bildern, stiften Beziehungen, die Einsamkeit belebt sich mit Völkern, Geschichten; die Agave fängt die Winde dreier Himmelsstriche auf, Tramontana, Scirocco, Mistral.

Die Dichtung Montales läßt Einsamkeit und verschwiegene Sehnsucht und ein inständiges Festhalten an menschlichen Beziehungen spüren – zu Lebenden wie zu den Toten. Ein schwieriges Dasein, aber nach vielen Seiten verstrebt, durch Lebensaufgaben und durch die Kunst, deren Horizont sich über den italienischen Sprachbereich weit hinaus erstreckt. Der Blick geht nach Westen; literarische wie menschliche Verbindungen weisen in die englische, in die amerikanische Sphäre. Aber die mediterrane Umwelt trägt Werke wie Tage mit. Die Geschichte Italiens, vom Ersten zum Zweiten Weltkrieg, stößt ihre Tore auf zur »città dolente«. Die Mundart Dantes lebt weiter durch einen Gebrauch, der in großer Überlieferung einen Hauch von Regionalismus liebevoll ausfindet. Und die Präsenz der Antike, ihrer mythologischen Motive wie ihrer tragischen Grundstimmungen, hält an. Das Gebirge im Rücken, das Meer vor Augen, steht auch der Leser Montales in einem Zeit-Raum, wo das lateinische Felsenriff einen griechischen Schatten wirft.

Clavis

Als Knabe war Conrad Ferdinand Meyer, 1838, mit seinem Vater nach Chur und Thusis, über den Splügenpaß nach Chiavenna und von dort nach dem Engadin gefahren und gewandert. Wir wissen nicht, ob er damals oder später den schmucken Herrn erblickt hat, der bei Jenins, in Stein gehauen, vor der Aussicht steht. Die Inschrift sagt, dies sei Herzog Heinrich von Rohan, der den Burgunderwein ins Land gebracht habe. Den Wein aus Cleven, um genau zu sein, aus Chiavenna: den Veltliner, dessen Rebe der Wohltäter Bündens mit sich geführt hätte, als er in umgekehrter Richtung über die Splügenstraße nach Thusis zog, zu der »nördlichen Pforte der Bergschrecknisse des Passes«, wie es im »Jürg Jenatsch«, in Meyers »Bündner Geschichten«, dann heißt.

Mehr von Straßen- als von Bergschrecknissen kann man heute berichten, wenn man vom Rheinwald her den Alpenübergang nach der Schlüsselstadt, zum strategischen Punkt zwischen Comersee und Bergell, Engadin und Veltlin, unzählige Kehren hinunter, bewältigt hat. Nirgends stürzt man so unmittelbar in den Süden, aus dem Hochgebirge in die Hitze des Tieflandes.

Meyer scheint diese Route später nicht mehr gewählt zu haben, wenn er, wie vor allem 1866 auf einer dreimonatigen Reise, Graubünden erkundete und mit einer »Last schönster Landschaften« (an Haessel, seinen Verleger, in jenem Herbst) zurückkehrte. Der »Jürg Jenatsch« ist nicht nur ein historischer, sondern auch ein geographischer Roman, und der Sorgfalt, mit der sein Autor die Bündner Wirren durch ein fast überreichliches »name-dropping« in die allgemeine, die Schulbuch-Geschichte einfügt, entspricht die ortskundliche Genauigkeit, mit der er den Leser vor die wechselnden Szenen des Dramas führt.

Und sind nicht die Landschaften zugleich Schlüssel – zu den Personen? Den Heinzenberg, der das Hinterrheintal flankiert, nennt der gute, milde Herzog Rohan den schönsten Berg der Welt. Ihm gegenüber, in der Geborgenheit des Domleschgs, sind die Gegenspieler zu Hause, Jürg Jenatsch, der Pfarrerssohn von Scharans, und Pompejus Planta, der Herr auf Riedberg. Wer heute flußaufwärts fährt, kreuzt immer noch die unsichtbare Bahn, auf der Lukretias Blick vom Dominikanerinnenkloster in Cazis hinüberging zu der Burg, wo ihr Jugendfreund ihren Vater erschlagen hatte.

Aber nicht in dem friedlichen Voralpenland, sondern auf der eisig-steinigen Höhe des Juliers und in einer Sturmnacht auf dem Maloja begegnen wir Planta, und der Weg zu Jenatsch führt über den Muretto, »stundenlang abwärts längs des schäumenden, über Felsblöcke tobenden Malero«, bei glühender Sonne und mit dem Ausblick auf eine »hochgetürmte, düstere Gebirgsmasse«, den Monte della Disgrazia... Dann zeigen sich uns auf wenigen Seiten – vermittelt durch den artigen Herrn Waser aus dem harmlosen Zürich – die Gegensätze: Jenatsch vor Rohan in einem Gartenidyll am »lieblich leuchtenden« Comersee; Jenatsch auf nächtlicher Flucht über den Bondasca-Gletscher ins Bergell, sein brennendes Dorf im Rücken.

Landschaftliche Gegensätze als Schlüssel zur menschlichen Existenz. Nichts Neues; und nichts, das veralten könnte. Man erprobt ja sich selber auch, auf der Fahrt in die Täler diesseits und jenseits der Alpen. Man gibt sich Rechenschaft von der Sympathie, die sich meldet in den paar Augenblicken, da die moderne Straße noch einen Blick ins Domleschg erlaubt. Könnte es, sollte es hier stehen, unser Haus? Leicht benommen steigt man ein paar Stunden später in Chiavenna aus dem Auto; historische Würde und Melancholie eines Ortes, der seine magnetische Wirkung auf den Verkehr, seine Schlüsselfunktion, nicht mehr ausüben kann. Wohin nun aber? Von hier aus scheinen sich tatsächlich alle Wege zu öffnen; mit Ausnahme, natürlich, des Rückwegs.

Also zum Comersee; wo die Abendsonne das linke Ufer noch trifft und gegenüber die Bergkulissen sich hintereinander schieben in vielfach gestuftem Dämmerlicht. Ob es gefährlich wäre, wie Goethe meint, unter Palmen zu wandeln? Vielleicht auch ein klein wenig langweilig. An dem schmalen und steilen Strand bauen sich Gärten und Villen auf, alle gleich mit ihren auseinander- und wieder zusammenführenden Treppen, ihren Terrassen, Balkonen... Man steht vor dem schönsten Bühnenbild, das sich denken läßt, aber festgebannt; nur eine Bootsfahrt könnte für bescheidene Abwechslung sorgen. Also hinauf ins Veltlin; dessen unterer Teil, wo die Feste Fuentes in Sumpfgebiet stand, schon bei Meyer schlecht wegkommt; und die Kleinindustrie hat ihn nicht verschönert. Die Rebhänge dann, die alten Dörfer und Städtchen. Im »Jenatsch« fehlt es nicht an schmükkenden Beiwörtern für den Wein, der da wächst, aber eigentlich nur für ihn; und wirklich hat man auch heute den Eindruck, daß Sonne und Erde ausschließlich ihn begünstigen; er gedeiht, und das übrige Leben bleibt karg.

So hätte man besser den Weg ins Bergell gewählt und in Soglio haltgemacht, am Treffpunkt von Hochgebirge und Süden? Meyer hat diese, er hat auch die Route über Poschiavo (post clavem), über den Bernina gekannt und da wie dort den Extremen nachsinnen können, zwischen die er gewiß nicht nur seine Figuren, sondern sich selbst gestellt sah. Der Roman hat zwei äußerste Schauplätze, Venedig und Zürich, die sehnsüchtig geliebte und die nicht sehr liebevoll ironisierte Stadt. Das Spektrum von wild heroischen und freundlich geborgenen Lebensmöglichkeiten entfaltete sich vor dem Reisenden, der Landschaft und Schicksal zeichenhaft und verschlüsselt aufeinander bezogen fand, in der Mitte, in den Höhen und Tälern Graubündens. Für seine längsten Aufenthalte wählte er »das sammetgrüne Engadin mit seinen am blitzenden Inn wie ein Geschmeide aufgereihten Bergseen«: am Rand der Gefahr und in Sichtweite eines Zuhause.

Zwei Orte

Die Fahrt über den Maloja, das Bergell halbwegs hinunter, dann durch den Kastanienwald hinauf nach Soglio, sie ist alte Gewohnheit. Die Kehren waren noch enger in den dreißiger Jahren, der Fahrweg war selbstverständlich nicht asphaltiert, eine Staubwolke folgte dem Auto; die Aufschrift »Pension Willy« an der Fassade des Salis-Hauses war noch nicht so verblaßt; und in dem Garten hinter dem Palazzo wurde damals gespeist – heute verpflegt man sich.

Das Besondere an dem Ort war mit Händen zu greifen und ist es noch: die Gegenwart des Hochgebirgs über einer doch schon sehr südlichen Szene, das halb Dörfliche, halb Landstädtische der Siedlung, das unvermittelte Nebeneinander von Geißenstall und Magnatensitz. Ein Drittes muß dem Bewohner mehr als dem Besucher auffallen: die Verbindung von bergenden, festen Mauern mit einer fast saugenden Offenheit der Landschaft.

Es mag eines dieser Spannungsmomente, es mögen auch alle drei den Bekannten Rilkes bewogen haben, dem Dichter für den Sommer 1919 den Aufenthalt in Soglio zu empfehlen. Der Rat war nicht ungewöhnlich, gerade weil der Ort es war. Übrigens gehörte es dann zu dem Ausflug, jedesmal, daß die Kinder aufmerksam gemacht wurden: Rilke habe hier gearbeitet, zwei, drei Monate lang, zu Beginn seiner suchenden Irrfahrt durch die Schweiz, die ihn zuletzt ins Wallis geführt habe. Auch zeigte man uns, aber wohl nur einmal, die alte Bibliothek, die dem Gast so lieb geworden war; die »überlieferten, nachschwingenden Dinge« hatte er da gefunden, die es ihm antaten und die ihm weiterhalfen, ein erstes Stück.

Das gewohnte Besondere, Soglio war es diesmal wie immer. Doch da der Wunsch sich meldete, einmal am anderen Ende auch nachzusehen, die letzte Station zu besuchen, nahm die Reise eine andere Wendung und erhielt einen neuen Charakter. Nun steckte man »Rilkes Schweizerjahre« von Jean Rudolf von Salis und ein altes Bändchen mit den Duineser Elegien und den Sonetten an Orpheus in das Gepäck. Auch mußte man – wenn schon – die Burgkirche von Raron besuchen und vor dem Grab des Dichters stehen. Mehr alpin als südlich mutete die finster verhangene Landschaft an, kalter Wind riß an den Rosen, die eifriger Pflege bedürfen, um auf dem Grab zu wachsen, wie es die Inschrift nun einmal verlangt.

Auch dieser Ort über dem weithin sichtbaren (damals noch nicht verbauten) Tal ist spektakulär genug, daß man den Wunsch, hier begraben zu sein, unmittelbar versteht; vom generellen Zweifel am Sinn solcher Verfügungen abgesehen. Aber Muzot? Man kann in Salis' schönem Buch nachlesen, wie Rilke dahinkam: durch einen unheimlich zufälligen Zufall. Er ist in Sierre, eines Hauses wegen, das ihm aber durchaus nicht gefällt; er zwingt sich zu einem Abendspaziergang im Städtchen und entdeckt »im Schaufenster eines Coiffeur-Bazar« die Photographie eines mittelalterlichen Turms, der zu haben ist. Es ging nur so, nur durch Zufall: man konnte Muzot nicht suchen (der Maler Rüegg hatte es vorher umsonst unternommen); nur finden. Undenkbar, daß jemand zu Rilke gesagt hätte: da gibt es doch... warum fahren Sie nicht... Und daß es das Richtige war, dieses kleine, verlotterte Château – das konnte nur er erkennen, und auch er wohl nur, weil er es selber entdeckt hatte.

Warum war es das Richtige? Muzot in seiner damaligen Abgeschiedenheit (doch ein Schutzraum wird ihm noch heute erhalten) stand in südlich fruchtbarer Landschaft, die aber durch die Nähe des Hochgebirgs einen Zug ins Strenge und Ernste erhält. Der kleinräumige Bau ist ländlich und aristokratisch zugleich, es lebt sich darin so karg wie anspruchsvoll. Vor allem: Geborgenheit, häusliche Konzentration steht in spannungsgesättigtem Austausch mit einer groß geöffneten Landschaft. – Da also schrieb er die etwas größere Hälfte der Duineser Elegien, schrieb die 55 Sonette an Orpheus, weit über tausend Verse zwischen dem 2. und dem 20. Februar 1922; dazu noch, gleichzeitig, den Entwurf der »Erinnerung an Verhaeren«; und die Briefe, die den

Nächsten diesen erstaunlichen Vorgang melden, in Worten, die das Physisch-Eruptive der endlichen Befreiung von einer lang mitgeschleppten Last – und die Dankbarkeit zeigen für Haus und Horizont, die sie möglich gemacht hatten.

»Nicht sind die Leiden erkannt,
nicht ist die Liebe gelernt,
und was im Tod uns entfernt,

ist nicht entschleiert.
Einzig das Lied überm Land
heiligt und feiert.«

Wer arbeitet, um zu leben, den wird es weder nach Soglio noch nach Muzot ziehen. Wer lebt, um zu arbeiten, wird – wenn er Glück hat – die Stelle finden, an der er nicht dauernd daheim, doch auf Zeit bei sich ist, und ganz bei der Sache; die Fremde aufgehoben, damit getan werde, was zu tun ist; danach das Grab.

Im Herbst gesehen

Die Sicht war begrenzt; nicht gerade durch Nebel; durch eine herbstliche Dunstschicht, in der die Dämmerung vorzeitig über den See heranschlich. Auf der offenen Bühne, vor den Zypressen und der verschwimmenden Landschaftskulisse, hätte das Drama der Francesca da Rimini zu der Stunde spätestens enden müssen; die Männer hätten wohl ihre Jacken schon kurz nach vier Uhr den Damen über die Schultern gelegt. Es war aber niemand da. Der Park menschenleer, im Museum nur noch das notwendigste Personal, ein unfeierlicher Pizzageruch vor dem Eingang. Leer der Hörsaal, über dem der Doppeldecker baumelt, das umgebastelte Segelflugzeug, aus dem der Dichter seine Flugblätter über Wien abwarf, am 9. August 1918.

Auch einen Kreuzer aus jener Zeit, auch das Unterseeboot, auf dem er gekämpft hat, neben kleinen Reliquien fremden und eigenen Heldentums, schmücken – oder verunstalten – Park und Haus. Man hört sehr bald auf, sich zu fragen, wie schön oder häßlich oder wie geschmackvoll man solche Erinnerungskultgegenstände finden soll. Was sie auszeichnet, ist weder Schönheit noch guter Geschmack noch irgendein anderer Wert als einzig der eine, daß sie im Zusammenhang stehen mit Gabriele D'Annunzio.

Er betrachtete die Villa di Carcagnaco, die nach dem Tod ihres früheren Besitzers, des »feindlichen Ausländers« Henry Thode (er hatte seiner Lebtag über italienische Kunst geschrieben), vom Staate mitsamt der Bibliothek und dem Mobiliar beschlagnahmt worden war, als ein »altes Bauernhaus«, worin er sein Schweigen und seine Trauer begrabe – »nicht so sehr, um mich zu demütigen, als um mein schöpferisches Vermögen auf eine noch schwerere Probe zu stellen...« Er hätte des Blicks über Bäume hinweg auf den Gardasee in aller Stille genießen können; aber Bauarbeiten waren wohl damals schon mit Geräusch verbunden, und bauen ließ der Einsiedler, was das Zeug hielt. Während er freilich auch – an Schreibtischen, die mit Sammelstücken übersät sind – Opus hinter Opus aufs Papier warf...

Denn hätte er ein Geheimnis gehabt – er behielt aber nichts für sich –, so hätte es in seinem rücksichtslosen Fleiß bestanden. Nur weiß man eben: daß an der langen Tafel im Speisezimmer, zwischen einer Kopie des Antinous-Porträts und einer echt nachgemachten Riesenschildkröte, die Gäste allein dinierten. Der Hausherr saß inzwischen vor der verhüllten Büste der Duse und dichtete, oder er lag als Aussätziger im Meditationsraum, oder er verweilte in der Bibliothek zwischen der großen Orgel und dem österreichischen Maschinengewehr, oder er hatte sich in sein florentinisches Kabinett eingeschlossen, das der Korrespondenz vorbehalten war.

Das »alte Bauernhaus« enthält außerdem einen Musiksalon, ein »Gemach der Leda«, das nichts anderes ist als das Schlafzimmer, eine Reliquienkammer (aber auch alle anderen Räume sind mit Erinnerungsstücken vollgestopft) und noch einiges mehr. Und angebaut, weiter gebaut in den siebzehn Jahren, die der Dichter noch lebte, und fast ebenso lang über seinen Tod hinaus, das Museum, die Forschungsstätte, das Theater, das Mausoleum...

Man wird durch die Räume geführt, die alle in künstlichem Dämmerlicht liegen, jede Ampel ein Albtraum für sich. Man möchte annehmen, daß hin und wieder ein Fenster offenstand, damals; daß die Sonne hereinschien; aber wer weiß, wie spukhaft sich dann erst dies ganze *bric-à-brac* einer narzißtischen Sammlerexistenz ausnahm, der orientalische Plunder, die Abgüsse nach Michelangelo, Fahnen und Uniformen, Porzellanviecher, Kissen...

Ein »Gesamtkunstwerk«? Ach nein; lauter Angst. Nachdem er nahezu pathologische Tapferkeit bewiesen, flüchtete sich der Kämpfer hinter schützende Mauern, schwere Vorhänge, barg sich in Wolken von Zeugnissen einer Vergangenheit, die fortdauern sollte. Unter Myriaden von Gegenständen findet sich in seinem Haus keine Uhr. Nach den großen Erlebnissen das zähe Beharren, Sich-Festklammern; die Zeit hatte stillzustehen.

Am nächsten Tag lassen wir uns das Haus zeigen, das sich Eleonora Duse in Asolo gekauft hatte. Ein Palazzo des 17. Jahrhunderts, fest zwischen andere eingefügt, abweisend zur Straße hin, offen nach vorne, wo der ummauerte Garten den Vordergrund bildet zum sinkenden Gelände, zur Ebene, die sich in dunstiger Ferne verliert. Solid und vornehm, wie es die Künstlerin anziehen mußte, die als Komödiantenkind im Veneto herumgezogen war, bis die Laufbahn begann, die sie zum Weltruhm führte, ohne ihr wirres Gemüt zu beruhigen.

Das Haus wird nicht besichtigt, aber im Museo Civico des Städtchens kann man die letzten Kostüme der Schauspielerin anschauen, ein paar Bücher, Erinnerungsstücke, Reise-Utensilien; den flachen Koffer, in dem sie zuletzt ihr Porträt, von Lenbach gemalt, mit sich führte, um es an Stelle ihres Spiegelbilds zu betrachten.

Über den Platz schlurft der uralte Inhaber des Tabakladens und will, nach dem Friedhof gefragt, gleich mitfahren; er besuche dort täglich das Grab seiner Frau; der Tabakgeruch wird uns im Auto noch weit nach Norden begleiten. Der Friedhof ragt wie ein Schiffsbug über den Hang hinaus; man schaut auf das erhöhte Städtchen zurück und auf die Ebene, wo sich die Dämmerung vorzeitig ausbreitet. Die Duse hat kein Mausoleum, nur eine Grabplatte, groß und weiß, darauf der Name und die Lebensdaten stehen. Während der Alte zu seiner toten Frau schlurft, freuen wir uns dieses einfachen Anblicks.

Funktionsverluste

Aus dem Jahr 1553 stammt ein Erlaß der Stadtväter von Venedig, wonach ein jeder – ob Christ oder Jude, Buchhändler oder Priester –, der einen Talmud besaß, ihn unverzüglich abliefern mußte zwecks feierlicher Verbrennung auf dem Markusplatz. Das Dokument wird im Museo dell'arte ebraica gezeigt, das zwei Räume unter der kürzlich restaurierten deutschen Synagoge einnimmt. Das Gebäude ist eng und hoch wie alle Häuser des Ghetto von Venedig; denn es wurde den Juden, die man in der Serenissima duldete und besteuerte, nicht viel Wohnfläche eingeräumt. Eine Inschrift von 1704, am Eingang zu dem Viertel in Stein gehauen, warnt die getauften Juden bei schweren Strafen davor, sich hier wieder blicken zu lassen und an den Riten ihrer Väter noch teilzunehmen; ausdrücklich werden auch anonyme Anzeigen akzeptiert. So hat man in Venedig – wie anderswo – bald den jüdischen Glauben ganz unterdrücken, bald ihn erhalten und vom Christentum möglichst scharf trennen wollen, je nach der Richtung, die in der Kirche vorherrschte. In einem Dekret von 1778 wird jedem – »wer es auch sei« – untersagt, die »Juden und Jüdinnen in diesem Ghetto« durch Wort oder Tat zu belästigen und »ihre Lebensweise zu stören«.

Die israelitische Gemeinde hat heute noch ihre Zentren in diesem alten Viertel, das eine der Zufluchten ist vor dem großen Touristenghetto zwischen Bahnhof und Markusplatz. Die Stadt profitiert heute von dem Reisevolk, das sich freiwillig in die eine Achse zwängt, um an Stickereien aus Burano und gläsernen Ausgeburten der Kunst von Murano vorbeizuziehen. Sagte man diesen Fremden, daß sie nur in bestimmten Gassen geduldet würden, vielleicht schwärmten sie aus, in die ruhigen Wohngebiete nördlich und südlich des Canal Grande oder in die armseligen

Quartiere jenseits des Arsenals, wo die wirklichen Probleme Venedigs zu Hause sind. So aber hat man die Stadt auch während des Osterrummels zum größeren Teil für sich – kann die Fortschritte vieler Restaurierungsarbeiten, staatlicher und privater, feststellen *und* muß sehen, wie der Funktionsverlust weiterfrißt an der Substanz einer Siedlung, die ihre Dimensionen nicht mehr braucht, nicht mehr ausfüllen kann.

Wenn es nur um das Bauliche ginge, so könnte man sagen, keine Stadt gehe langsamer unter als diese. Man könnte auch sagen, die Kirche werde hervorragend konserviert. Hört man dann aber in San Marco die Osternachtfeier... Da wird jede Phase des Gottesdienstes in vier Sprachen angekündigt, erläutert, über drei Stunden hinweg. Denn man muß »davon ausgehen« (wie man sagt), daß viele Gläubige nicht nur die »Volkssprache« nicht verstehen, sondern auch den Ritus nicht kennen, an dem sie – warum aber? – teilnehmen. Ist das die »konziliare Erneuerung«: daß die Liturgie zuletzt nur noch im Rahmen religionswissenschaftlicher Erwachsenenbildung »zum Tragen kommt« (wie man sagt)? Oder ist es die »Schnellfäule«, von der Jacob Burckhardt sprach und die einsetzen kann, wenn ein überalterter Organismus zu spät nach Verjüngung trachtet? On verra. Vielleicht werden wir eines (baldigen) Tages mit Zeugnissen der Vergangenheit besser auskommen als mit manch eifrigem Versuch, gegenwärtig zu sein.

Probe aufs Exempel: man fährt nach Pomposa, der großen alten Benediktinerabtei in der Erzdiözese Ravenna. Aufgegeben am Ende des 15. Jahrhunderts wegen Malaria. Erhalten ist der Campanile mit den nach oben sich mählich weitenden Fenstern; erhalten die Pforte und ein Stück Wirtschaftsgebäude; erhalten der hohe und lange Kirchenraum. Vom Chor aus steigt man hinauf in das Dormitorium; die Väter erreichten von ihren Schlafstellen über die eine Treppe ihre Plätze zum nächtlichen Chorgebet. Unten durch den Kreuzgang gelangten sie zum Refektorium, wo während des Essens gelesen wurde, eintönig psalmodierend, aus einem frommen Buch. Zwischen Eßsaal und Chor, unter dem Dormitorium liegt der Kapitelsaal, wo beraten, beschlossen, gewählt wurde. Von all dem nur noch die Mauern, und die Fenster mit dem Blick über flaches, bebautes Land und zum Meer hin. Mauern und Dachgebälk, ein paar Sarkophage, ein wenig Bauschmuck. Das ist alles, aber es genügt, um lückenlos zu zeigen, wie ein Kloster lebt, solang es lebt, und wie es hier mit einemmal stillstand – nicht »angepaßt« wurde, nicht moderner, bequemer und allgemach leer. Freilich sieht man das Weitere nicht: die Verstrebungen der Abtei im Umkreis, ihre Grundherrschaft, ihre Landwirtschaft, die Erziehung, die sie betrieb, die Seelsorge, die sie versah; die Zuordnung weltlicher, die Einwirkung auf kirchliche Instanzen. Der Funktionszusammenhang, der sich aufgelöst hatte, nach und nach, und der sich nicht konservieren, nicht restaurieren läßt.

Weiter nach Ravenna, der »kleinen Stadt, die Kirchen und viel Ruinen hat«. Ruinen nun eigentlich nicht, sondern so wohlerhaltene, wohlgeratene Bauten wie das Grabmal der Galla Placidia, in dem man das Wachsen der christlichen aus der antiken Symbolik beobachten kann auf Mosaiken von wunderbarer Frische; und Kirchen eben, Gotteshäuser, die einen zum Anschauen, die anderen für die Andacht, eine reinliche Trennung. Die Touristenwelt bleibt hier vollends geschieden vom Leben der Einwohner, auch vom Geschäftsleben, das ein Zusammenspiel des beträchtlichen städtischen Angebots und der Nachfrage aus einem großen ländlichen Einzugsgebiet ist. Auch die alten Kirchen – die zum Anschauen – trug nicht das Stadtvolk allein; weder als Bauwerke noch dann im Gottesdienst. Ein seltsamer Hauptort muß das gewesen sein, zwischen Meer und Land, in sumpfiger Zwischenlage. Hier schwimmen die Türme, und die Schiffe sitzen fest, hat Sidonius Apollinaris bemerkt. Davon ist nichts mehr zu sehen (außer schiefen Türmen); und nichts von der einstigen Strahlung zu spüren, es sei denn, man brächte es fertig, die Säulenkompositionen von San Vitale, die Heiligenprozessionen von Sant'Apollinare Nuovo zu einer weltlich-geistlichen Machtsphäre, nicht *in abstracto*, sondern für die sinnliche Wahrnehmung zu ergänzen. Felix Dahn wiederlesen? Doch besser nicht.

Besser, man bleibt bei dem, was noch da ist. Der erzbischöfliche Thron des Maximian: eine Elfenbeinarbeit, mit biblischen Szenen geschmückt, vor allem mit Episoden aus der Josephsgeschichte, deren agrarische Themen hier leicht zum Betrachter sprachen. Oder das Deckenmosaik im Baptisterium der Arianer: die dominierende Figur des Jordan, des väterlichen Flußgottes, der das Wasser zur Taufe spendet, und der nackte, bartlose Jesus-Jüngling, den nichts mit dem lehrenden, richtenden Pantokrator der späteren Orthodoxie zu verbinden scheint. Man pflegt den Kopf zu schütteln über die christologischen Streitfragen der frühen Jahrhunderte – Christus ein Halbgott oder substanzgleich dem Vater, gottmenschlich oder nur-göttlich –, doch in den Spitzfindigkeiten lebten die Unfertigkeiten, war die Suche im Gang nach der geistigen Vorstellung vom sinnlich nicht Vorstellbaren; später wußte man, was galt, und man konnte sich daran halten, bis die Zweifel überhandnahmen. Heute wandert man in Ravenna von Kirche zu Kirche, während der Öffnungszeiten, und wirft 200 Lire in den Apparat, für das Licht.

Im Kloster

Der Besucher hält vor seiner ersten Mahlzeit im Refektorium die Hände über eine vergoldete Schale, und der Abt gießt aus einer ebensolchen Kanne gewärmtes Wasser – Zeichen des Willkomms, Zeichen der Reinigung, Zeichen auch einer sonst vergangenen Feudalpracht am Rand (und einst nicht nur am Rand) der Askese. An den langen Tischreihen unter dem spätmittelalterlichen Gewölbe werden in großer Einfachheit die Erzeugnisse der selbstbetriebenen Landwirtschaft gegessen (den Sekretär des Abtes hat man bei der Ankunft getroffen, da er vom Feld kam, in Arbeitstracht); und es wird geschwiegen. Einzig der Vorleser spricht auf hoher Kanzel in psalmodierendem Ton, Silbe für Silbe einen Text, dem man bei solcher Verfremdung zuerst nur mit Mühe folgt. Der Abt sitzt hinter einem erhöhten Tisch an der Stirnseite des Saals, allein vor seinen Mönchen.

Der Tag hat um fünf Uhr mit einem Glockenzeichen begonnen, das zum Aufstehen und zur Mette in der noch tiefdunklen, eiskalten Kirche rief. Mit einem Breviarium monasticum bewaffnet, in das der Gäste-Pater ein paar Zettel gelegt hatte, setzte man sich eine halbe Stunde später ins Mittelschiff; die ersten schwachen Lichter, die ersten Gestalten erschienen weit vorn im Chor. Schnelle, leise Vorbereitungen zum Gottesdienst; man ahnt schon im Halbdunkel den knappen Schwung der Bewegungen, der Handgriffe, wie er den Mönchen eigen ist. Kein Auf-Zehenspitzen-Gehen, kein Tuscheln, bloß Stille und eine Verständigung, die keine Worte braucht; jeder tut das Seine; und einer vergißt nicht, über dem Besucher ein Licht anzuzünden, damit er den Lesungen folgen kann.

Die Orgel schweigt noch, die das Chorgebet zu späteren Stunden begleiten wird. Der strenge Sprechrhythmus, in dem die sechzig, achtzig Männer – einander gegenüber, dunkel im dunklen Gestühl, unter spitzen Kapuzen – Psalmvers um Psalmvers unter sich teilen, wird nicht gemildert in dieser Dämmerstunde, die nur langsam ein graues Licht von den Bogenfenstern her in den großen Raum vordringen läßt. Ein harter Pulsschlag, ein unaufhaltsamer Fortgang der Andacht: dem Ende eines Psalms folgt die trinitarische Schlußformel, zu der sich die Mönche erheben, verneigen, wieder hinsetzen, und ohne die Spur einer Pause hat der nächste Psalm angefangen; »weiter im Text« – man erfährt, was das heißen kann.

Hin und wieder sieht man einen die Kapuze zurückschlagen, aufstehen und einen Augenblick niederknien: er hat sich selbst bei einer Unaufmerksamkeit ertappt. Selten bleibt er allein; meist ist es ein Gegenübersitzender, der nur Sekunden später denselben Ritus vollzieht; vielleicht fragte er sich, was dem andern wohl durch den Kopf gegangen sei, und so hat es ihn selber erwischt. Ganze Kettenreaktionen kommen vor, fast immer unter den Jüngeren. Oder einer muß ein übers andere Mal bekennen: »... ich kann halt meine Gedanken nicht kommandieren.«

»Exsultate, justi, in Domino« – »rectos decet collaudatio« ... »Benedicam Dominum in omni tempore« – »semper laus eius in ore meo« ... Die Grundform des Gotteslobs, des Gebets; innerste Substanz der christlichen Kirche. Was dem Besucher als Ausflug in eine sehr fremdartige Welt erschienen war, wird zur Begegnung mit einem Wort-Laut, über dem es keine Differenzen – der Lebensform oder der Konfession – gibt. Und der Gedanke, daß dieser beharrliche, eintönige, großartige Chor hier klingt, wie er immer geklungen haben muß (»Throne bersten, Reiche zittern«, aber das war jeden Morgen so), ist ein guter Gedanke.

Spätherbst, Spätnachmittag. Die letzten Farben des Jahres spielen im weichen Licht auf der Flußlandschaft. Der Abt geht nicht schnell, aber irgendwie eilig, die Hände unter dem Skapulier verborgen, mit dem Besucher hin und her auf dem Kiesweg, dem feuchten Laub; kehrt immer an den selben beiden Stellen um. Er spricht von der Krise. Lehre, Disziplin, Gebet, die drei gefährdeten Bereiche. Abweichungen von der kirchlichen Doktrin, die man gewiß nicht zu früh unterdrücken durfte, jetzt aber doch schließlich verurteilen müßte. Die Autorität ins Wanken gekommen; ein Hauptmerkmal die Willkür, die im Gottesdienst, in der »Gestaltung« der Liturgie um sich greift; alles scheint erlaubt zu sein – am wenigsten noch das bisher Befohlene. Wo in Dogma und Disziplin die Richtlinien nicht mehr klar liegen, dringt Unsicherheit in die Glaubenshaltung. Die persönliche Andacht – bei Priestern wie Laien – verkümmert. Rückwirkungen dieser Krise auf die Orden? Und ob. Er rede nicht von den Jesuiten, den Dominikanern... Auch in den Klöstern trete Verweltlichung auf: Mönche, die in Zivilkleidung unterwegs sind und die selbst im Haus die Ordnung verkommen lassen; Konvente, die nicht mehr vom Abt, sondern von Kommissionen regiert werden. Kein Nachwuchs mehr, keine Neueintritte. Hier? Doch, hier schon; elf in dem einen Jahr. Aber hier hält man sich noch an die Regel, mit aller Strenge. Ja, das zieht die jungen Leute an, gerade das; zu wissen, daß von ihnen viel verlangt wird und auch daß es dabei bleibt.

Mit freundlicher Bestimmtheit spricht er so. Gelegentlich wirft er einen Blick auf die Uhr, um die Vesper nicht zu verpassen.

»Magnificat anima mea Dominum...« Inzwischen hat man das hohe romanische Gotteshaus in allen Beleuchtungen gesehen, nüchtern und kalt bei der Prim, von schräg einfallenden Sonnenstrahlen belebt während der Terz und der Messe, hell und freundlich zur sechsten, zur neunten Stunde des liturgischen Tags; jetzt breitet sich wieder das Dunkel aus, aber zwischen Dämmer- und Lampenschein kommt eine warme Mischung zustande, die dem Zusammenklang der Stimmen und der leise begleitenden Orgel entspricht. Die Ohren haben sich an den gregorianischen Choral gewöhnt, seine Melismen sind voraushörbar geworden; man hat das schwere Breviar mit dem handlichen Liber diurnus des Ordens vertauscht und folgt ohne Mühe den Texten bis hin zum »Magnificat«, das eine kleine Gemeinde stehend mitanhört, vielleicht auch mitbetet, während es vorn hin- und hertönt zwischen den Mönchen. »Ist nun der heiligen Gottesmutter Meinung in diesen Worten: Es ist nichts mein in allen diesen Dingen und großen Gütern, sondern der, der allein alle Dinge tut und dessen Macht in allen allein wirkt, der hat mir solch große Dinge getan... Darum habe ich gesagt: Maria, die will nicht eine Abgöttin sein. Sie tut nichts; Gott tut alle Dinge. Anrufen soll man sie, daß Gott durch ihren Willen gebe und tue, was wir bitten; also auch alle andern Heiligen anzurufen sind, daß das Werk je ganz allein Gottes bleibe.« So Luther (1520/21) in diesem Zusammenhang; von katholischer Seite wäre dem kaum etwas beizufügen.

Ein ökumenisches Erlebnis? Man wird langsam vorsichtig mit diesem Wort. Womit ist heute der Kirche am meisten gedient? *Mit reinen Formen.* Katholisch-evangelische Vereinbarungen – ihr praktischer Nutzen in manchen Bereichen hat sich erwiesen; ihr schwieriger Stand zwischen Möglichkeit und Wünschbarkeit auch. Die Annäherung unter Theologen, Amtsträgern, unter Gruppen von Laien hat nicht ganze Kirchen erfaßt. Dafür zeigt es sich, daß nun das konfessionelle Eigenleben seinerseits Festigung braucht. Die letzten zehn Jahre haben viel gegenseitiges Verständnis, noch nicht genug wechselseitige Information – und *nicht* die Wahrscheinlichkeit gebracht, daß das Christentum in einer Kombination von verschiedenen Glaubensweisen fortleben wird. Dagegen widerspricht die Erfahrung nicht dem Gefühl, daß eine protestantische Gemeindestruktur oder ein katholisches Kloster nach wie vor ein Stück christliches Leben verwirklichen kann.

Auch davon ist die Rede, im Vorhof des Konvents oder im Sprechzimmer des Abtes. Andersartig und respektgebietend zeichnet sich das religiöse und in Andeutungen das gesellschaftliche Denken ab, das alten und starken, oft erneuerten und wieder von Zerfall bedrohten Traditionen entstammt. Das Verstehen hat Grenzen – warum sollte es nicht? Doch zuletzt, als ob man immer noch nicht genug hätte, tastet man sich durch die nächtliche Finsternis in die Kirche, um auch die letzten Klänge der Liturgie zu hören, mit der Komplet den Tag zu beschließen...

Wo wir stehen

Dreißig Beiträge zur Kultur der Moderne
Herausgegeben von Martin Meyer.
227 Seiten. Serie Piper 839

Zum Ende dieses Jahrhunderts gewinnt unsere Epoche, die wir als die Moderne bezeichnen, immer schärfere Konturen. Oft wird sogar davon gesprochen, die Moderne sei schon zu Ende – das Schlagwort von der »Postmoderne« macht die Runde. Basierend auf einer Artikelserie aus der »Neuen Zürcher Zeitung« wird hier die Kultur der Moderne einer Bestandsaufnahme unterzogen. 30 bekannte Autoren schreiben über Literatur, Geschichte, Philosophie, Soziologie, Theologie, Kunst und Architektur, Musik und Theater. Dabei zeigt sich, daß wir mit der Moderne noch nicht eigentlich zu Rande gekommen sind. Das Ziel dieses Buches kann deshalb nur die Annäherung an ein Zeitalter sein.

Joachim Kaiser

Erlebte Literatur

Vom »Doktor Faustus« zum Fettfleck
Deutsche Schriftsteller in unserer Zeit. 480 Seiten. Leinen

»Erlebte Literatur« von Joachim Kaiser, einem der maßgeblichen Kulturkritiker der Bundesrepublik, ist eine persönliche Begegnung mit 27 wichtigen Autoren der deutschsprachigen Gegenwartsliteratur. Kaisers Leseerlebnisse – entstanden durch das Mit-Erleben von Literatur, ihrer Entstehung und ihrer kritischen Reflexion – sind lebendige Literaturgeschichte, sind selbst ein Leseerlebnis.

Vom selben Autor liegen vor:

Den Musen auf der Spur

Reiseberichte aus drei Jahrzehnten
216 Seiten. Geb.

Große Pianisten in unserer Zeit

292 Seiten mit 25 Notenbeispielen und 27 Fotos. Kt.

Mein Name ist Sarastro

Die Gestalten in Mozarts Meisteropern von Alfonso bis Zerlina
299 Seiten mit 25 Abbildungen. Leinen

Wie ich sie sah …
und wie sie waren

Zwölf kleine Porträts. 157 Seiten. Serie Piper 586

Heinz Piontek (Hrsg.)

Jeder Satz ein Menschengesicht

Schriftsteller über ihren Beruf
1987. 250 Seiten. Leinen

Ein »Erfahrungs- und Widerfahrungsbuch« nennt der Büchner-Preisträger Heinz Piontek seine Sammlung, in der er zusammengetragen hat, was Schriftsteller aus den verschiedensten Epochen zum Thema ihres Berufs, ihrer Arbeit zu sagen wußten. Wie kann man schreibend leben, wie kann man vom Schreiben leben, wer schreibt überhaupt, und was, und warum – solche und ähnliche Fragen stellt und beantwortet diese einmalige Anthologie. Die Rede ist vom Glück der Inspiration, vom Elend der Verkennung, vom Glanz des Ruhms und von der Brotlosigkeit der Kunst.
Ein aphoristisches Feuerwerk: Die geistreichsten Bemerkungen von Schriftstellern aus allen Zeiten über Kritiker, Verleger, Kollegen, über die Kunst des Broterwerbs und das Handwerk des Schreiben. Ein Muß für jeden Liebhaber der Literatur.

»Es ist leichter, mit Christus über die Wogen zu wandeln, als mit einem Verleger durch's Leben.« Hebbel

»Es gibt drei Arten Leser: Eine, die ohne Urteil genießt, eine, die ohne zu urteilen genießt, die mittlere, die genießend urteilt und urteilend genießt: diese reproduziert eigentlich ein Kunstwerk aufs neue.«
Goethe

»In Wirklichkeit ist jeder Leser, wenn er liest, ein Leser nur seiner selbst. Das Werk des Schriftstellers ist dabei lediglich eine Art von optischem Instrument, das der Autor dem Leser reicht, damit er erkennen möge, was er in sich selbst vielleicht sonst nicht hätte erschauen können.«
Proust

Marcel Reich-Ranicki (Hrsg.)

Erzählte Gegenwart

Zehn Jahre Ingeborg-Bachmann-Preis
Die Geschichten der Preisträger
Mit einem Vorwort von Humbert Fink und einem Nachwort von Marcel Reich-Ranicki. 180 Seiten. Geb.

Zum zehnjährigen Bestehen des Ingeborg-Bachmann-Wettbewerbs versammelt dieser Band die zehn Geschichten, für die der Preis bisher vergeben wurde – eine Anthologie der vielversprechendsten Autoren des letzten Jahrzehnts.
Gut zwei Dutzend Texte werden jährlich hier vorgetragen, kritisiert und bewertet. Die Autoren, die bisher den Preis erhalten haben, gehören zweifellos zu den bemerkenswertesten literarischen Entdeckungen des letzten Jahrzehnts – daß sie sich alle »durchgesetzt« haben, ist sicher nicht ganz unwesentlich auf die Attraktivität und Publizität des Bachmann-Preises zurückzuführen.
Bisherige Preisträger waren, von 1977 bis 1986: Gert Jonke, Ulrich Plenzdorf, Gert Hofmann, Sten Nadolny, Urs Jaeggi, Jürg Amann, Friederike Roth, Erica Pedretti, Hermann Burger und Katja Lange-Müller.
In seinem Nachwort resümiert der Frankfurter Kritiker Marcel Reich-Ranicki, der über die ganzen zehn Jahre hinweg als Sprecher der Jury das eigentliche »Herz« des Klagenfurter Wettbewerbs war, seine Erfahrungen, seine Eindrücke aus dieser Dekade. Jeder, der seine vehement zupackende Art des Umgangs mit Literatur kennt, wird diesen Beitrag mit Spannung erwarten. Eine Bestandsaufnahme, eine Standortbestimmung dessen zu geben, was heute als deutsche Gegenwartsliteratur firmiert, dazu dürfte niemand berufener sein – und kein anderer würde seine nicht immer bequeme Meinung mit der Schärfe und Prägnanz formulieren wie Marcel Reich-Ranicki.

Piper 31/1 c

PIPER

Lust am Lesen

Literatur aus acht Jahrzehnten
Herausgegeben von Ernst Reinhard Piper.
502 Seiten. Serie Piper 450

»Lust am Lesen« ist – wie die überaus erfolgreichen Bände »Lust am Denken« und »Lust an der Musik« – ein Lesebuch aus Piper-Büchern der letzten 80 Jahre. Es bietet Literatur in ihrer ganzen Vielfalt, bringt Prosa und Lyrik bedeutender Schriftsteller, gräbt Vergessenes aus und stellt junge Autoren vor. Es macht deutlich, daß Literatur auch in heutiger Zeit ein überaus wichtiger Begleiter des Menschen ist.
Autoren dieses Lesebuchs sind u. a.: Jürg Amann, Stefan Andres, Ingeborg Bachmann, Giorgio Bassani, Tadeusz Borowski, Hilde Domin, F. M. Dostojewski, Ludwig Fels, Frederick Forsyth, Richard Friedenthal, Martin Gregor-Dellin, Albert Paris Gütersloh, Aldous Huxley und Ludwig Thoma.

Piper 32/2e

Harald Hartung

Deutsche Lyrik seit 1965

Tendenzen – Beispiele – Porträts
252 Seiten. Serie Piper 447

Der in Berlin lebende Schriftsteller und Literaturwissenschaftler Harald Hartung widmet sich in diesem Buch der Entwicklung der deutschen Lyrik in den letzten 20 Jahren.
In einführenden Darstellungen, mit Gedichtbeispielen und thematisch zusammenfassenden Beiträgen zeichnet Hartung ein erstaunlich vielseitiges Panorama der Dichtung unserer Zeit.
In einzelnen Porträts stellt er die Lyriker Karl Krolow, Walter Helmut Fritz, Jürgen Becker, Oskar Pastior und Günter Grass vor.
Eine Bibliographie rundet diesen Band, der Einführungs- und Lesebuch in einem ist, ab.

PIPER

Wem Zeit ist wie Ewigkeit

Dichter – Interpreten – Interpretationen
Herausgegeben von Rudolf Riedler.
132 Seiten. Serie Piper 701

Was wollte Goethe, als er sein Doppelgedicht »Meeresstille« und »Glückliche Fahrt« schrieb? Ist es die lyrische Essenz von Erlebtem, wie Herbert Rosendorfer sagt? Was hatte Brentano im Sinn mit seinen Versen »Wenn der lahme Weber träumt...«? Ist es das sanfte, ruhige, schwebende Gefühl, das Horst Bienek empfindet, diese Harmonie, Vollkommenheit, gar Utopie? Gedichte von gut zwei Dutzend Dichtern aus vier Jahrhunderten sind in diesem Band versammelt. Vierzehn Interpreten, auch sie Dichter und Schriftsteller, haben sich an ihnen im Abenteuer des Suchens nach Indizien, der Spurensicherung, des Mutmaßens und Entdeckens erprobt und sich bemüht, den Gedichten ihr Geheimnis zu entlocken.

Piper 42/2f

PIPER

Die Pausen zwischen den Worten

Dichter über ihre Gedichte
Herausgegeben von Rudolf Riedler.
131 Seiten. Serie Piper 638

Zwei Dutzend Dichter geben Auskunft über sich und »ihr« Gedicht – nicht im Sinne einer schulgerechten klassischen Interpretation, sondern sehr persönlich: sozusagen von Mensch zu Mensch. So bekommt auch das Gedicht, das manchem so fern ist wie ein fremder Stern, menschliche Nähe.
Was sich der Dichter gedacht hat, ist nicht mehr als ein unverbindlicher Vorschlag. Jeder darf, jeder soll sich seine eigenen Gedanken machen, besser: seinen Eindrücken, seinen Empfindungen nachgeben, sich dem Gedicht ganz unbefangen öffnen. So wird die persönliche Begegnung, der »angstfreie« Umgang mit dem Gedicht möglich: So wird ein Gedicht zu »meinem« Gedicht.
Zwei Dutzend Dichter geben Auskunft. Entstanden sind: Protokolle der Entstehungsgeschichte eines Gedichts, Zeugnisse von Arbeitsweisen, Dokumentationen, Werkstattberichte und, im günstigsten Fall, Einblicke in die Innenwelt eines Dichters. Manchmal wird auch nur eine Geschichte erzählt, die dem Gedicht einen Hintergrund, eine neue Dimension gibt.
Jeder Beitrag zeigt ein Gedicht in anderem Licht. Zusammen markieren sie die lyrische Landschaft unserer Zeit.